文化驱动"群体先进"培育
——"大山里行走的红马甲"品牌建设实践

国网天津蓟州公司　编著

南开大学出版社

天　津

图书在版编目(CIP)数据

文化驱动"群体先进"培育："大山里行走的红马甲"品牌建设实践 / 国网天津蓟州公司编著. —天津：南开大学出版社，2023.1
ISBN 978-7-310-06371-0

Ⅰ.①文… Ⅱ.①国… Ⅲ.①电力工业－工业企业管理－研究－天津 Ⅳ.①F426.61

中国版本图书馆 CIP 数据核字(2022)第 249141 号

版权所有　侵权必究

文化驱动"群体先进"培育
——"大山里行走的红马甲"品牌建设实践
WENHUA QUDONG QUNTI XIANJIN PEIYU
——DASHAN LI XINGZOU DE HONGMAJIA PINPAI JIANSHE SHIJIAN

南开大学出版社出版发行
出版人：陈　敬
地址：天津市南开区卫津路 94 号　　邮政编码：300071
营销部电话：(022)23508339　　营销部传真：(022)23508542
https://nkup.nankai.edu.cn

天津创先河普业印刷有限公司印刷　全国各地新华书店经销
2023 年 1 月第 1 版　　2023 年 1 月第 1 次印刷
235×165 毫米　16 开本　12.5 印张　2 插页　149 千字
定价：87.00 元

如遇图书印装质量问题，请与本社营销部联系调换，电话：(022)23508339

本书编委会

主　任：刘洪亮　刘　聪
副主任：果宝森　盛继光　徐伟利　张怀刚　苏有功
委　员：刘百舸　魏国忠　刘志明　王大成　孔庆湖
　　　　吴胜志　张军生　郭建涛　肖建超　欧干新
　　　　王　松　刘建合

本书编写组

主　编：刘　聪
副主编：张怀刚　刘胜利　徐　璐
编写人员：郝婷婷　聂海龙　胡　杨　吴宇鹏　王建慧
　　　　张　坤　张　尧　陈　田　仇晶昱　仇亚芳
　　　　梁　妍　刘洪宇　张海燕　陈宝峰　张宪华
　　　　郭　帅　崔　灿　李　赢　苏　鹏

序　言

蓟州历史悠久，风景明秀、遗迹作骨、文化为神、绵绵群山是她绚丽的罗衣，千顷碧波是她善睐的明眸，这里曾经是畿东锁钥，如今是开放之城、舟车会聚、四通八达。在蓟州山区，有这样一支队伍，他们身穿"红马甲"穿行在崎岖的山路上，他们直播助困只为那一张张淳朴的笑脸，他们助学圆梦只为那一个个幼小的心灵，他们就是国网天津蓟州公司"大山里行走的红马甲"青年志愿服务队。

十多年间，"大山里行走的红马甲"青年志愿服务队先后开展志愿服务活动1300余次，从脱贫攻坚的战场到乡村振兴的热土，这些电力青年挺身而出，将个人奋斗的"小目标"融入党和国家建设的"大蓝图"，把汗水挥洒在祖国大地上，成为当之无愧的时代先锋，以"电力之为"践行新时代的"雷锋精神"，充分展现了新时代中国青年的精神风貌。国网天津蓟州公司"大山里行走的红马甲"青年志愿服务队先后荣获第七批全国学雷锋活动示范点、全国志愿服务"四个100"先进典型、第十三届中国青年志愿者优秀组织奖和项目奖等荣誉，涌现出了一大批锐意创新、苦干实干的先进典型。在这一过程中积累的经验弥足珍贵，值得我们认真回顾和总结，以期在变局中开新局、化危机为先机。

历史是勇敢者创造的，时代是奋斗者书写的。习近平总书记在党的二

文化驱动"群体先进"培育——"大山里行走的红马甲"品牌建设实践

十大报告中指出，要在全社会弘扬劳动精神、奋斗精神、奉献精神、创造精神、勤俭节约精神，培育时代新风新貌。国网天津蓟州公司持续涌现的先进个体和群体，是坚持聚焦国企属性、持续推进国企人不断创新、积极进取的必然结果。本书以文化驱动"群体先进"培育为切入口，详实记录了国网天津蓟州公司坚持旗帜领航，坚定文化自信，深耕文化建设，发挥文化铸魂作用，为先进成长培育沃土，驱动形成先进辈出的群体先进氛围，从红色文化传承、企业文化引领、团队文化驱动、职工文化聚力、品牌文化传播、"群先"风貌彰显等方面着手，对这一过程中文化示范引领作用发挥、先进典型示范带动、服务机制完善提升等方面的实践探索进行了详尽陈述，既有理论依托、又有实例佐证，形成了符合国企自身特质的"群体先进"培育的理论逻辑和实践逻辑。

国有企业群体先进队伍的不断壮大既是社会主义先进文化的生动体现，亦是丰富中国特色社会主义先进文化时代内涵的具体实践。"大山里行走的红马甲"青年志愿服务队在国网天津蓟州公司党委的领导下，始终以地域特点为出发点，以助力脱贫攻坚和乡村振兴为主线，实施"乡村电靓、乡村增收、乡村关爱"三大行动，精准服务蓟州村民需求，在津北山区汇聚起了志愿服务的"青春"暖流，全面彰显国网蓟州公司群体先进风貌。

时代呼唤担当，使命催人奋进。从以"大山里行走的红马甲"为代表的先进典型身上，从苦干实干、敢闯敢为的电力职工身上，能看到"群体先进"的品质内涵逐步转化为企业文化、队伍气质，形成了具有鲜明时代特征、群体特征的"山里红"服务品牌，已然成为推动国网天津蓟州公司高质量发展的中流砥柱。希望国网天津蓟州公司继续不忘初心、牢记使命，认真学习贯彻落实党的二十大精神，牢记"国之大者"，立足新起点，阔步新征程，示范带动更多的人加入到"大山里行走的红马甲"队伍中来。

目　录

第一章　红色文化传承 … 1

第一节　红色历史底蕴深厚 … 3
文化底蕴的深厚积淀 … 3
红色文化的深厚力量 … 5

第二节　红色文化融入传承 … 8
学习传承中的融入融合 … 8
学习传播中的推广探索 … 12

第三节　红色精神示范引领 … 15
建党百年的使命荣光 … 15
建团百年的薪火希望 … 20
红色精神的实践成果 … 24

第二章　企业文化引领 … 29

第一节　文化铸魂定向引航 … 31
聚焦目标定位当先锋 … 31

第二节　文化赋能蓄势增效 … 34
牢记初心使命展作为 … 34

创新载体内容增活力 ………………………………………… 37
　　　优化服务能力显价值 ………………………………………… 40
　第三节　文化融入凝心聚力 …………………………………………… 43
　　　浸润红色文化促发展 ………………………………………… 43
　　　统一认同共识聚合力 ………………………………………… 46
　　　迎接大战大考强担当 ………………………………………… 49

第三章　团队文化驱动 …………………………………………………… 55
　第一节　团队文化的厚植培育 ………………………………………… 57
　　　为民服务是初心 ……………………………………………… 57
　　　团队精神是指引 ……………………………………………… 58
　第二节　团队文化的实践载体 ………………………………………… 65
　　　优质服务担使命 ……………………………………………… 65
　　　急难险重当先锋 ……………………………………………… 76
　　　乡村振兴展风采 ……………………………………………… 81
　第三节　团队文化的保障机制 ………………………………………… 87
　　　管理机制要统一 ……………………………………………… 87
　　　服务方法要创新 ……………………………………………… 89
　　　服务成效要评价 ……………………………………………… 91

第四章　职工文化聚力 …………………………………………………… 95
　第一节　育人化人的职工文化 ………………………………………… 97
　　　打造职工文化的意义 ………………………………………… 97
　　　职工文化的发展现状 ………………………………………… 98
　　　职工文化建设的展望 ………………………………………… 101
　第二节　全面全员的职工文化 ………………………………………… 102
　　　关爱职工健康的举措 ………………………………………… 103

打好职工成长的地基 ………………………………………… 107
　　建功实践中的平台搭建 ……………………………………… 114
第三节　凝心聚力的职工文化 …………………………………… 118
　　职工文化建设的成效 ………………………………………… 118
　　职工文化建设存在的问题及优化举措 ……………………… 122
　　未来职工文化建设的发展方向 ……………………………… 126

第五章　品牌文化传播 …………………………………………… 127

第一节　品牌文化塑造 …………………………………………… 129
　　丰富核心与内涵 ……………………………………………… 129
　　深入探索与创建 ……………………………………………… 130
第二节　品牌文化价值 …………………………………………… 134
　　厚植品牌文化沃土 …………………………………………… 134
　　助力品牌文化成长 …………………………………………… 137
第三节　品牌文化建设 …………………………………………… 143
　　锁定任务与使命 ……………………………………………… 144
　　深化维护与管理 ……………………………………………… 147
　　创新发展与实践 ……………………………………………… 150

第六章　群先风貌彰显 …………………………………………… 155

第一节　先进集体带动整个群体 ………………………………… 157
　　成员是群体的核心 …………………………………………… 159
　　规模是群体的优势 …………………………………………… 161
　　榜样是群体的示范 …………………………………………… 165
第二节　先进之我带动我之集体 ………………………………… 168
　　传承与借鉴的有机结合 ……………………………………… 169
　　继承与创新的有机统一 ……………………………………… 174

第三节　先进路上永无休止 …………………………… 175
　　忠诚与担当是团队品格 …………………………… 176
　　无私奉献是团队精神 ……………………………… 179
　　成效是团队精神的展现 …………………………… 185

第一章　红色文化传承

第一章 红色文化传承

第一节 红色历史底蕴深厚

国网天津市电力公司蓟州供电分公司（以下简称国网天津蓟州公司）现有全民职工 432 人、集体职工 15 人、业务委托用工 644 人，下设 10 个供电服务中心、2 个产业单位、1 个路灯所，供电面积 1590 平方公里，供电人口 86.57 万。国网天津蓟州公司所在的蓟州区位于天津市最北部，是天津历史文化名城，春秋时期称为无终子国，隋朝改称渔阳，唐朝置蓟州，唐代诗人杜甫的"渔阳豪侠地，击鼓吹笙竽"、白居易的"渔阳鼙鼓动地来"等诗句提到的"渔阳"均指今蓟州。此外，蓟州因其险要的地理位置，自古以来都是兵家必争之地，蓟州不仅是底蕴深厚的历史文化之城，也是革命英雄辈出的红色之城。

文化底蕴的深厚积淀

蓟州作为国家认定的一类革命老区，具有光荣的革命传统，自 1927 年建立党组织以来，蓟州人民在党的领导下持续开展反帝反封建斗争。抗日战争时期，蓟州党组织建立起抗日民族统一战线，发动冀东武装抗日大暴动，创建了以盘山为中心的抗日根据地。解放战争中，蓟州人民实行土地改革，巩固根据地民主政权，蓟州成为辽沈战役和平津战役重要的军事后勤基地。因此，蓟州的红色文化资源非常丰富，每个乡镇都留有红色文化遗迹，铭刻着蓟州儿女勇御敌寇、血染燕山蓟水的红色记忆。

文化驱动"群体先进"培育——"大山里行走的红马甲"品牌建设实践

一方水土养育一方人,丰厚的历史文化,凝练出蓟州的风骨,沉淀了蓟州的厚重,也深深地影响着在这里成长、生活的每一个人。国网天津蓟州公司着眼于将蓟州红色资源优势转化为思想政治工作优势,积极梳理蓟州红色脉络,搭建红色文化资源库,盘活存量,以盘山烈士陵园、龙山红色教育基地等 30 余处爱国主义教育基地为生动教材,编制推介名录,将红色资源转化为看得见、摸得着、感受得到的人物事件,让广大职工随时随地感受红色基因的存在和影响,为红色基因传承提供了丰厚的史料和学习支撑。

重要红色革命遗址

"一分利"文具店位于蓟州城区的鲁班庙内。过去的鲁班庙是一个文化教育单位,是青年学生和知识分子的聚集核心区。1933 年秋"一分利"文具店创办后,便成了当时蓟县(现称蓟州区)党组织活动的中心。如今,"一分利"文具店继续发挥着"红色支点"的作用,是区内各单位开展党日活动的地点之一。

在抗日战争时期,盘山抗日根据地在冀东西部地区发挥了主导作用,其经历了从创建到发展,最终成为冀东西部地区开展敌后抗日斗争的中心的过程。至今这里仍保存着众多红色遗迹,如千像寺会议遗址、白草洼战斗遗址、石海战斗遗址等。1982 年,天津市人民政府将盘山抗日根据地列为市级文物保护单位。

平津战役前线司令部旧址位于礼明庄镇孟家楼村。1948 年 12 月,辽沈战役胜利结束后,东北野战军 12 个军及特司部队总部进驻孟家楼,将这里定为平津战役的指挥中心,即平津战役前线司令部。当时,林彪、罗荣桓、聂荣臻、刘亚楼等在此指挥了平津战役。2019 年 10 月 7 日,平津战役前线司令部旧址被国务院公布为第八批全国重点文物保护单位之一。

第一章 红色文化传承

重要红色教育基地

盘山烈士陵园位于蓟州区官庄镇营房村北、盘山南麓。陵园内安葬着 2866 名烈士，收藏着抗日战争时期和解放战争时期遗物 363 件（套），是全国爱国主义教育基地、全国重点烈士纪念建筑物保护单位、全国首批百家爱国主义教育示范基地、全国红色旅游经典景区、天津市全国国防教育基地、全国关心下一代党史国史教育基地。

龙山红色教育基地位于蓟州区马伸桥镇太平庄村北，是 1938 年 7 月冀东抗日武装大暴动中冀东西部地区暴动中心之一，建有龙山抗日烈士纪念碑、烈士墓区。龙山武装暴动遗址既是区级文物保护单位，又是天津市爱国主义教育基地。

爨岭庙烈士陵园位于下营镇刘庄子村东，1957 年建成，占地 3000 平方米，安葬烈士 102 人，1980 年选址重修，扩大了规模，属于区级文物保护单位、天津市首批不可移动革命文物。陵园由纪念碑、烈士墓区、影壁和陈列室组成，如今已成为青少年开展爱国主义教育、革命传统教育基地，党政机关干部党性活动场所，也是天津市爱国主义教育基地和区级文物保护单位。

除此之外，蓟州还有很多重大战斗遗址、惨案遗址、活动旧址等，如中共蓟县县委诞生地旧址、"蓟县抗日武装暴动在邦均打响第一枪"遗址等，它们中的大部分既是文物保护单位，又是爱国主义教育基地；既是红色文化的见证地，又是红色文化、革命精神的传承地。

红色文化的深厚力量

国网天津蓟州公司充分发挥文化，特别是红色文化的深厚力量，在红色基因铸魂育人方面积极探索，把红色资源运用好，把红色基因传承好，强化文化驱动力建设，切实增强广大党员干部职工践行社会主义核

文化驱动"群体先进"培育——"大山里行走的红马甲"品牌建设实践

心价值观和企业宗旨的自觉性和主动性。

解码"红色精神"

种树者必培其根，种德者必养其心。红色文化蕴含着丰富的革命精神和厚重的历史文化内涵，是党史、国史学习教育最权威、最生动、最感人的教材。习近平总书记强调，"要把红色资源作为坚定理想信念、加强党性修养的生动教材，讲好党的故事、革命的故事、根据地的故事、英雄和烈士的故事，加强革命传统教育、爱国主义教育、青少年思想道德教育，把红色基因传承好，确保红色江山永不变色。"蓟州盘山烈士陵园、联合村红色教育基地、金水泉山抗日战争胜利纪念馆等，深刻记录着中国共产党带领人民抗日救国、拯救民族危机的光荣历史，用历史眼光从昨天观察明天、以历史智慧用过去映照未来。国网天津蓟州公司通过加强对红色遗址、红色文物、红色文献史料的整理研究，不断挖掘提炼其历史价值和时代意义，努力回答好传承什么样的红色基因、如何传承红色基因等重大问题。

讲好"红色故事"

"现在大家在屏幕上看到的就是我党政军用来传递重要信息的一封'鸡毛信'，这封'鸡毛信'是我们蓟州区交通员卢玉兰老人至今一直珍藏的信件。在抗战时期，这种由老百姓专人投递的'鸡毛信'是抗日武装传送紧急信息的一个重要载体。在蓟州有很多这样的交通员，下营镇黄崖关村的卢玉兰就是其中的一位。"国网天津蓟州公司营销党总支书记张海燕在参加天津市电力公司"百名书记讲党史"主题党课活动时讲道。作为国网天津蓟州公司"大山里行走的红马甲"志愿服务团队的创始人之一，张海燕已经像这样结合蓟州红色文化讲党课40余次。国网天津蓟州公司开展"三微三维"党史行动学习，围绕"五分钟讲党史"活动要求，以支部书记微党课、委员微讲堂、党员微故事的形式，从书

第一章 红色文化传承

记、委员、党员三个维度加强红色文化宣讲，讲好中国共产党人不忘初心、牢记使命的光辉形象，讲好党员干部与人民同甘苦共命运、以人民为中心的深厚情感，讲好中国共产党为什么能、马克思主义为什么行、中国特色社会主义为什么好的深刻道理。

国网天津市电力公司"百名书记讲党史"优秀课程

创新"红色课堂"

在今天，要想深刻感知风云变幻的革命年代，需要还原历史场景，更需要创新纪念形式，丰富活动内容，进行跨越时空的仪式体验。"龙山是冀东西部地区抗日武装暴动的指挥中心，在抗战最艰苦的时期，冀东22个县中有21个县的县委书记或县长都是来自龙山，在抗日战争中有一半以上为国捐躯，这块红色热土也被誉为蓟县革命的摇篮……"国网天津蓟州公司运检第二党支部书记肖建超，以"知史铭史、见微知著"为主题，把"党史宣讲"搬到红色教育基地，组织"大山里行走的红马甲"志愿服务队成员到党史发生地学党史、讲党史，为他们深情讲述蓟州区抗日革命的光辉历程，激励广大党团员继承光荣传统，牢记历

文化驱动"群体先进"培育——"大山里行走的红马甲"品牌建设实践

史使命。国网天津蓟州公司依托红色资源优势，开设"思源讲堂"，组织"百人百句话党史""红色经典进现场"等活动，综合运用讲授式、研讨式、案例式、模拟式、体验式、访谈式、情景式教学方式，不断增强党史学习教育的直观性、创新性、实效性，增强红色资源的传播力、影响力，让红色资源、红色记忆活起来，让红色血脉流动起来。

红色教育基地微党课

第二节　红色文化融入传承

学习传承中的融入融合

　　文化对个体价值观的塑造，往往不是一蹴而就的，而是要润物细无声般地教化，逐渐将文化内涵的精神力量转化为个体的情感认同和行为习惯。红色文化内蕴人、物、事、魂，唯有将人、物、事展现好，使红色文化与时代合拍，符合大众心理诉求，才能更好地用红色文化之魂滋养大众。

培养义务讲解员

在距离蓟州城区12公里的罗庄子镇旱店子村村东的金水泉山上，抗日战争胜利纪念碑巍然耸立，这是2005年建成的罗庄子镇爱国主义教育基地，包括抗日战争胜利纪念碑、警世门、警世钟和无名烈士墓等建筑。为讴歌天津人民在中国共产党的领导下勇御外敌的英雄业绩，揭露日本帝国主义侵略者在天津犯下的累累罪行，弘扬抗日战争中孕育形成的伟大民族精神，教育基地内还设有"见证抗战——天津市纪念抗战胜利70周年"图片展，每年都有党员、学生和群众来此接受爱国主义教育，感受民族解放艰苦卓绝的斗争精神。

国网天津蓟州公司曾多次在罗庄子镇爱国主义教育基地开展红色教育，但因为该处教育基地没有专职讲解员，每次的红色教育内容主要是参观学习、重温入党誓词、瞻仰纪念碑等。2019年在深入开展"不忘初心、牢记使命"主题教育期间，为扎实开展革命传统教育，国网天津蓟州公司与罗庄子镇爱国主义教育基地开展结对共建活动，组织"大山里行走的红马甲"志愿服务团队成员现场学习、实地练习，培养了一批能说能讲的"山里红"义务讲解员，在重大活动、重要节日在罗庄子镇爱国主义教育基地提供义务宣讲。

2021年5月，国网天津市电力公司党委理论中心组成员在抗日战争胜利纪念碑前驻足瞻仰，"现在矗立在我们面前的就是'抗日战争胜利纪念碑'，碑体总高19.45米，寓意1945年取得抗日战争伟大胜利。碑顶步枪呈V字形，托起由和平鸽组成的贴金球形花团，寓意维护和平、

文化驱动"群体先进"培育——"大山里行走的红马甲"品牌建设实践

"红马甲"宣讲团服务蓟州红色文化传播

警示战争；碑身正面题词由天津市委原书记张立昌同志亲题，背面为碑记；碑后浮雕墙长35.2米，寓意3520万死难同胞永垂不朽。"国网天津蓟州公司"大山里行走的红马甲"义务讲解员李赢，正在向公司中心组成员生动讲述着纪念碑建成的具体情况和深刻寓意，公司中心组成员认真倾听，共同接受爱国主义教育。像这样为上级组织、兄弟单位等提供的义务宣讲，国网天津蓟州公司已经开展了18次。

我是红色文化传承人

在蓟州区下营镇，有一个十里红色长廊红色教育基地，从刘庄子村爨岭庙烈士陵园出发，到青山岭村战备洞结束，全程5公里，路线蜿蜒曲折，有山路、有平地，途经果园、松树林、梯田等场景，根据抗日战争历史，共设置9个点位对游客进行爱国教育。

爨岭庙烈士陵园是红色十里长廊的起点，是为了纪念1944年5月在爨岭庙突围战中牺牲的冀东第一专署专员杨大章、十三团副政委廖峰等革命烈士而修建，102 名英烈长眠于此。范文清是爨岭庙烈士陵园的守陵人，他出生在刘庄子村一个普通农民家庭，爨岭庙突围战的故事，他从小听到大。每天清晨 5 时，范文清准时起床打开大门，然后把陵园里的尘土和落叶打扫干净，再用抹布把烈士们的墓碑一块一块地细心擦拭一遍。除了负责打扫陵园卫生，他还担负着入园信息登记工作。2017 年，爨岭庙烈士陵园被选为天津市爱国主义教育基地，来这里扫墓的人越来越多，范大爷的入园信息登记表记了厚厚的三大本。有时，他还会担当讲解员，将爨岭庙突围战的故事一遍遍讲给前来瞻仰烈士墓的人们。17 年间，范大爷已经记不清自己讲了多少遍。2021 年，十里红色文化长廊正式建成，将爨岭庙烈士陵园和青山岭天津广播电台战备台旧址有机衔接起来，作为党史教育廊道。

2021 年 6 月，国网天津蓟州公司组织开展"重走百年路，启航新征程"红色教育实践活动，广大党员、统战人员身着八路军军装，体验式接受了红色教育。活动中，范文清大爷不禁动情地说道："按我的身体条件应该还能再讲 5 年，但我就怕我糊涂了，讲不了了，可咋办。"此时，国网天津蓟州公司"山里红"义务讲解员队伍已不断壮大，成为专业的宣讲团队，在接受红色文化教育的同时，他们也被范文清大爷的坚守情怀深深感染，主动参与到陵园事迹宣讲中来，把烈士们的故事传播给更多的人。

为深入宣讲、推广蓟州的红色文化，帮助更多的乡村红色教育基地实现自主宣讲，国网天津蓟州公司深入开展"我是红色文化传承人"活动，以"大山里行走的红马甲"宣讲团为主体，主动融入蓟州红色文化传播，为龙山革命遗址、爨岭庙红色教育基地等录制讲解音频 20 余个，推动实现乡村红色教育基地"时时有讲解、人人有讲解"。

文化驱动"群体先进"培育——"大山里行走的红马甲"品牌建设实践

"重走百年路，启航新征程"红色教育实践活动

学习传播中的推广探索

国网天津蓟州公司持续探索新时代红色革命文化落地的有效方法和途径，通过构建"学习、传播、服务、突击"四维一体红色引擎，在"学习"上全覆盖，在"传播"上求突破，在"服务"上寻亮点，在"突击"上重引领，不断从红色基因中汲取强大的精神力量，并将其转化为推动中心工作的强大动力。

分层分级开展全覆盖学习

抓好领导干部关键少数，依托集中学习研讨、实地学习等形式，国网天津蓟州公司组织中心组全体成员赴盘山烈士陵园、金水泉山抗日战争胜利纪念馆实地学习，踏寻红色足迹，缅怀革命先烈。抓牢党务工作者队伍建设，将革命传统文化作为党务工作者培训的重要内容，不断汲取红船精神、长征精神等革命文化的精神内涵，进而大力弘扬革命先辈光荣传统，切实做到党务工作者政治素养和业务能力双提高。抓实全体党员理论学习，依托"三会一课"、主题党日、主题实践等开展红色革命传统教育，通过专题研讨、座谈交流、读书会等多种形式，传承和弘扬革命文化。组织开展"不忘初心、牢记使命"专题党课，激励大家众志成城担使命、不忘初心再出发。

丰富线上线下传播途径

国网天津蓟州公司建立了党委统一领导、各党支部共同参与的宣传文化传播机制，并结合实际，统筹规划"线上线下"全方位传播方式。制定《宣传文化展示年度计划》，将红色革命文化作为宣传展示的重要内容，提升多渠道传播质效。线下阵地丰富传播内涵，打造分公司级党员活动室，以长城为背景，以南昌起义等11幅中共历史上重要节点图片为主线，系统展示中国共产党带领中华民族不畏艰险、敢于开拓的真实写照。围绕"革命文化"开展道德讲堂，以唱一首红歌《我和我的祖国》拉开序幕，以诵读红色经典为重点，纪念革命光辉岁月，向革命先辈致敬。组织党员利用"学习强国"学习平台观看革命历史题材影视作品，查阅革命历史资料，利用碎片化时间学习革命文化精神内涵。依托"国网蓟州红色之声"微信公众号，常态推送红色革命历史文章、新闻，提升红色革命精神的影响力和吸引力。

践行红色革命精神

国网天津蓟州公司明确了"大山里行走的红马甲"志愿服务品牌目标和工作要求，加强志愿服务"规范化、导向化、常态化"保障机制建设，确立"雷锋月""红七月""扶贫月"等活动项目，因地制宜、突出重心地开展特色志愿品牌系列活动。以服务提升企业形象，开展"'大山里行走的红马甲'脱贫攻坚专项行动"，从文化、经济、组织、阵地、慰问5个维度精准攻坚，做好扶贫先行官，架起助困连心桥。围绕重大工程保电、安全用电、敬老帮困、安全第一课等主题常态化开展

文化驱动"群体先进"培育——"大山里行走的红马甲"品牌建设实践

志愿服务活动，不断强化员工无私奉献、服务群众的意识，彰显央企责任担当。以革新优化服务水平，依托职能部室创建服务文化先锋党支部，结合各专业部室管理职能，围绕"送技术、促发展，送服务、促提升，送政策、促规范，送知识、促进步"主题，全力打造服务型职能党支部，提升企业内部服务水平。践行"以客户为中心、专业专注、持续改善"的核心价值观，全面推行"三省""三零"服务，有效压减办电环节和办电时长，着力优化电力营商环境服务品牌。

汇聚推动发展磅礴力量

国网天津蓟州公司打好工程攻坚战，充分发挥党委政治核心作用，结合党建工作联系点制度，实施领导班子成员"分片包干"，班子成员定期到工程现场办公，解决工程难题。组织全体机关人员成立"煤改电"巡察突击队，组建27个核查小组，开展全覆盖式工程现场巡查，有力保障"煤改电"工程顺利竣工，确保打赢蓝天保卫战。打好工程阵地战，弘扬"支部建在连上"的光荣传统，充分把握"1001工程"关键任务，创建10项"一支部一项目一特色"重点项目，班子成员、副总工程师驻所办公，推进重点区域的工程建设，加快推进工程任务。打好工程突击战，组建绝缘化突击队，进一步完善党员责任区、党员示范岗，让绝缘化改造成为党员建功的"主战场"和青年成长的"快车道"。为确保提前一年完成农网改造任务，加强投资的精准度，"大山里行走的红马甲"志愿服务团队深入山区农村调查用电需求，国网天津蓟州公司共产党员突击队事迹"破解农村电力不足，农网升级改造提前完成"在央视一套晚间新闻被报道，极大地提升了国网天津蓟州公司的社会影响力。

第一章 红色文化传承

第三节　红色精神示范引领

百年前，伟大建党精神就是一颗火种，指引着黑暗中的中华儿女披荆斩棘、前赴后继，只为找到适合中国人民的生存之道。百年后的今天，中华儿女欢欣鼓舞，全国人民热泪盈眶，所有的感情都喷涌而出化成"何其有幸、生于华夏""请党放心、强国有我"的深情告白和铮铮誓言。我们要继续弘扬光荣传统、赓续红色血脉，把伟大建党精神继承下去、发扬光大。

建党百年的使命荣光

国网天津蓟州公司党委深入学习贯彻习近平总书记在党史学习教育动员大会和庆祝中国共产党成立100周年大会上的重要讲话精神，按照党中央开展党史学习教育统一部署，把党史学习教育作为重大政治任务，以高度的思想和行动自觉，紧扣"学党史、悟思想、办实事、开新局"总要求，坚持高标准、高质量、高效率，确保党史学习教育取得扎扎实实的成效。

统筹推动党史学习教育

公司领导率先垂范，依托党委会"第一议题"、理论学习中心组学习，先学一步、学深一层，开展学习研讨39次，举办专题读书班1期。建立领导督学机制，划分13个督学责任区，围绕党史学习教育专题和学习贯彻习近平总书记"七一"重要讲话精神，领导班子成员深入党建

文化驱动"群体先进"培育——"大山里行走的红马甲"品牌建设实践

工作联系点开展专题党课14次，以普通党员身份参加党史学习教育专题组织生活会，示范带动广大党员学深悟透。建立"党委－党支部－党员－群众"学习矩阵，围绕"新民主主义革命时期历史"等专题集中学习52次，开展"学党史、悟思想、办实事、开新局"主题党日活动26次，组织全员参加党史学习教育专题培训，传唱红色歌曲60余首、观看红色电影10余部，在国家电网党史学习教育简报刊发相关文章2篇、在公司党史学习教育简报刊发文章24篇。

国网天津蓟州公司利用本地红色资源，积极梳理蓟州红色脉络，建立实地学习"资源库"，开展"知史铭史、见微知著"主题党课、"重走百年路，启航新征程"红色实践活动等，组织党员走进党史发生地学党史、讲党史，打造沉浸式党史学习氛围。邀请红色蓟州党史教育基层宣讲团到青山35千伏输变电工程现场讲党史。建立"红马甲"党史宣讲团，积极与金水泉山等红色教育基地结对共建，深入学校、乡村等开展义务宣讲20余次。开展"百人百句话党史"活动42次，其中1名支部书记的党课入选公司"百名书记讲党史"优秀课程。开设"思源讲堂"，组织"老中青"三代20名党员讲述初心故事。国网天津蓟州公司代表队参加国网天津市电力公司"奋斗百年路，启航新征程"党史知识竞赛并获得二等奖。

国网天津蓟州公司统筹领导人员、专业部门、党支部、团支部4类调研主体，分层分级开展"我为群众办实事"大调研活动34次，广泛了解职工共性需求，实地走访服务对象，听取意见建议。建立"领导挂帅、支部集结、部门响应、党员行动"的服务模式，扎实推进"我为群众办事"实践，确定公司级重点项目7个、领导挂帅项目14个、支部服务举措20条、部门落实任务53项，建立月度跟踪问效机制，推动解决一批急难愁盼问题。聚焦助力乡村振兴、服务区域发展、优化营商环

第一章　红色文化传承

境等，开展"我为党旗添光彩"党员实践行动，依托电力服务"红网格"，深化延伸服务，积极与西葛岑村、果香峪村党支部开展结对共建46次，解决实际问题37个，不断增强群众的获得感、幸福感、安全感。

国网天津蓟州公司供服中心第二党支部与韩家筏村支部开展结对共建

国网天津蓟州公司全力服务"双碳"目标实施，积极促成公司与蓟州区政府签署《推进能源电力"碳达峰、碳中和"先行示范区建设战略合作框架协议》。圆满完成37条山区、林区线路绝缘化改造任务，大幅降低山区涉电火情风险，加快推进平原地区81条线路的绝缘化改造，大幅提升蓟州电网安全可靠运行水平。大力推进西井峪旅游示范村建设，以点带面推动蓟州绿色生态旅游模式广泛形成，助力天津能源革命先锋城市建设。坚持规划先行，建立"两级书记"抓乡村振兴工作机制，主动对接属地政府工作要求和帮扶村实际需求，探索"双碳"背景下乡村振兴实践路径和方式方法，按照"一村一品"思路，挖掘可持续发展资源，着力打造电气化产品应用示范乡村。

文化驱动"群体先进"培育——"大山里行走的红马甲"品牌建设实践

结合实际深化学史力行

国网天津蓟州公司以党委重点立项项目、支部服务举措、部门落实任务为抓手,深入推进"我为群众办实事"实践,强化进度跟踪和过程管控。围绕推动落实"七一"重要讲话精神,组织领导班子成员深入基层,开展调查研究14次,聚焦服务"双碳"目标、改善营商环境、推进绝缘化改造等重点工作,动态完善办实事清单,把实事办好,把好事做实。召开"我为群众办实事"中期推动会,采取"成果展示+现场点评+联合解惑"的方式,加快重点项目推动进度,集中力量解决职工群众急难愁盼问题。

贯彻落实今冬明春电力供应保障工作部署,公司按照"一线一案、一村一档"原则,加强主网巡视和配网运维,准确掌握各区域供电能力,全面排查"煤改电""煤改气"区域保暖保供设备运维情况,及时排查治理隐患和缺陷89处,持续优化运维抢修网格化驻点设置10处,统筹调配抢修队伍、装备、物资等资源,缩短抢修半径,确保"煤改电"线路发生故障后30分钟内到现场。配合区政府起草并发布蓟州区节约用电倡议书,将207家机关和大型商超等纳入节约用电重点监控范围,广泛宣传节约用电、错峰用电。主动协调管控路灯照明负荷,在确保不影响居民生活的情况下,压降路灯照明负荷0.8万千瓦,减轻蓟州电网指标和企业停电停产压力。实施专人值守服务,做好企业负荷压降的提前告知工作,走访用户361户次,开展用户现场监督和指导310余次,最大限度地帮助企业有序生产。

公司成立青山临时党支部,积极推进青山35千伏变电站建设,着力解决下营地区单一电源点供电问题。成立全运会保电、度夏防汛、绝缘化改造党员突击队,扎实推进各项中心工作。依托党员服务"红网格",打造电力便民服务站26个,帮助解决西井峪村新建民宿附近无电源接入点、砖瓦窑村农家院"一户多表"、吴家洼村留守老人更名过户不便等问题120余项。在旅游用电高峰时期，成立负荷监控组，对旅游区域民宿、农家院用户用电负荷进行实时监控，全力保障用户安心用电，调派党员骨干驻点旅游区、偏远区域，打造30分钟快速到达的故障抢修服务圈。聚焦乡村振兴，"大山里行走的红马甲"志愿服务团队深化助农服务，挖掘蓟州地区农品特色，结合时令果品上市情况，持续开展助农直播活动，实施"一站式"惠农助农服务举措，帮助20余个家庭拓宽农产品销路。

总结提炼典型实践做法

官庄镇砖瓦窑村位于盘山东麓，是全国乡村旅游重点村。随着乡村旅游的不断升温，砖瓦窑村的农家院数量越来越多，农家院的规模也在逐步扩大，随之出现了"一院多电源"的现象，同时部分用户表箱破损严重、接户线散乱、线径细，存在人身触电或引发火灾的安全隐患。国网天津蓟州公司供服第一党支部聚焦助力乡村振兴，以服务区域经济发展为切入点，深入推进"我为群众办实事"实践工作，积极与砖瓦窑村党支部结对共建。为帮助砖瓦窑村快速解决安全和发展问题，党支部成员多次进村入户实地调研，为村内87户农家院更换三相电表，重新排布计量箱87个，改造接户线总长度7.85公里，不仅大幅提高了农家院和游客日常用电的安全性，还满足了旅游高峰可靠用电的需求，更帮助用户节约了用电成本、提升了购电体验、增加了电力获得感。

国网天津蓟州公司本部没有职工专属停车场地，生产综合楼院内只能满足公务用车与生产车辆的停放需求，周边也没有可租用的停车场，职工开车上班停车困难。为解决职工普遍关心的停车问题，综合服务中心几经协调研究，决定充分利用现有资源（原自助售电厅前院）修建职工停车场。经过场地改造和停车划线，建成了可以停放14辆车的小型停车场，在一定程度上解决了职工停车难的问题，获得了职工的一致好评。

国网天津蓟州公司原有站所级职工之家1个，未达到一线职工小家全覆盖，且仅有5个一线班组或站所配备体育器材，不能满足职工日益增长的健康需求。国网天津蓟州公司工会以让职工满意为出发点，采取"问需式调研+实地考察"的方式，根据职工需求配置健身设施和书籍，目前已完成职工健身室新建，别山、邦均等4个供电服务中心"职工小家"建设，以及盘山供电服务中心职工文体小家升级改造工作，提升了职工的幸福感，增强了企业的凝聚力。

国网天津蓟州公司共产党员服务队坚持学史力行，在为民服务中检验党史学习教育成效，聚焦乡村振兴，深化助农服务，持续发挥"大山里行走的红马甲"志愿服务经验优势，实施消费帮扶、一站式服务等惠农助农服务举措，先后与东赵各庄镇帮扶产业园区、西葛岑村和红花峪村党支部结对共建，针对性制订服务举措，打造互联互助互信友好桥梁。结合蓟州地区农产品特色，持续开展直播带货，2021年以来，先后销售西红柿、草莓、桑葚等果品500多千克，帮助12个家庭拓宽农产品销路，促进农户增收。

建团百年的薪火希望

国网天津蓟州公司开展"百年青春、蓟电有我、携手未来"庆祝建团一百周年系列活动，以"有我"担当追求"无我"境界，在落实国网公司战略目标、服务区域经济社会发展中凝聚青年力量。

"理想有我"行动

抓实"青年大学习"，把深入学习贯彻习近平新时代中国特色社会主义思想作为首要政治任务，精心制订学习计划，列出学习篇目、内

第一章　红色文化传承

开展助农直播活动

容，定期做好学习内容推送，确保团员青年学深、学透，学出实实在在的效果。组织青年学习习近平总书记给中国冰雪健儿的回信、习近平"五四"重要讲话精神等关于青年工作的重要思想，引导青年以昂扬姿态紧跟党奋进新征程。针对青年群体的认知特点和接受习惯，团委书记带队走进一线、贴近青年，宣讲党的理论、"四史"、团史，带领广大团员青年以史润心，不断将学习教育推向更深层次。

持续开展"'红马甲'宣讲团"活动，以青年骨干为主体，为赴抗日战争胜利纪念馆瞻仰学习的党员、群众宣讲抗战历史，讲好中国故事，传承红色基因。丰富学习载体，通过红色朗读、角色扮演等团员青年喜闻乐见的形式，引导广大团员青年重温峥嵘岁月，坚定奉献祖国、奉献人民的决心。

深入开展"文化融城"活动，通过"当一日红军，走一段红军路，唱一首红歌，上一堂红军课"，教育引导广大团员青年坚守初心使命，永葆对党的忠诚和热爱。"五四"青年节前夕，公司组织团员开展"重温入团誓词""挂团旗、戴团徽、唱团歌"活动，引导团员坚定理想信念，不断增强他们的自豪感、光荣感。

"建功有我"行动

围绕贯彻落实"具有中国特色国际领先的能源互联网企业"战略目标，结合"助产业、惠民生、促双碳"电力服务30条举措，公司聚焦服务"双碳"目标、"新基建"、提质增效、供电保障等重点任务，深化"共青团+"工程，推进团青工作与中心任务紧密融合。持续开展"黎明杯"青年建功载体创建工作，围绕服务"双碳"、提升"获得电力"服务水平开展青年文明号优质服务示范行动，围绕保障安全生产发挥青年安全生产示范岗示范作用，围绕抗灾抗疫、电力保供等急难险重任务深化青年突击队创建活动，引导团员青年建功新时代、奋斗新征程。

持续推进青年志愿服务常态化、制度化，鼓励青年职工积极参加"青春光明行，喜迎二十大"志愿服务活动，在疫情防控、乡村振兴、重大政治保电、关爱特殊群体等重点领域以及安全用电宣传、"网上国网"推广等专项任务上发挥青年志愿服务的积极作用，扎实推进青年志愿服务与中心工作融合互促。加强青年志愿服务项目化管理，持续开展"电力红马甲，山路带货人""义诊农家院，订制连心家"等青年志愿服务活动，探索开展"小小电工"实践活动，进一步擦亮"大山里行走的红马甲"志愿服务品牌。

总结中国青年创新创业大赛的成果经验，建立成果转化机制，围绕大数据、区块链、人工智能等前沿技术，组织青年积极投身科技攻关和创新创效。发掘和培育青年创新人才，建立创新项目跟踪机制，推进青年创新成果转化孵化。依托分公司创新工作室阵地资源，举办创新沙龙活动，邀请专家学者开展主题讲座。开设职工创新大讲堂，邀请各行各业的专家为青年职工讲解专业技术知识，激发其创新思维。

"传承有我"行动

公司组织开展"五四"评选表彰活动，鼓励先进，示范引领。组织员工学习"中国青年五四奖章"、全国"两红两优"获奖者的先进事迹，宣传国家电网公司"两红两优"和"青年五四奖章"获得者的先进事迹，展播国网天津蓟州公司获得各类奖项的青年员工的先进事迹，充分发挥青年榜样的示范带动作用，激励团员青年拼搏进取、创新奉献。完善团组织发现青年、择优推荐、向党组织输送的制度，将团青活动和工作载体打造成为党培养后备力量的"练兵场"。

健全青年员工成长档案，实施跟踪培养。持续实施"三师"培养计划，加快青年员工成长成才速度，实现工作的有效衔接和技能技术的传帮带。开展青年讲堂、技术比武等活动，建立职员职级、专家人才通道并行互通机制，健全人才培养机制，组织开展专家人才选拔，跨专业分享服务青年资源，多措并举促进青年员工职业发展。打造"印蓟·有我"青年故事专题，运用网络平台、现场演讲等方式，讲好青年故事，讲好国网故事。征集青年"金点子"，组织青年聚焦公司热点难点问题并开展深入研究，积极为公司改革发展建言献策。

持续开展"海河青听"实践活动，组织各级团干部与青年开展常态化沟通交流，了解团员青年所思所想所求，打通联系青年的"最后一公里"。充分发挥青年兴趣小组优势，以建团100周年、弘扬红船精神、传承红色精神等为主题，广泛发动青年职工创作征文、书画、摄影等文艺作品，激发广大青年职工的爱国热情，丰富青年职工文化生活。组织音乐爱好者制作《共青团之歌》音乐短片，为共青团成立一百周年献礼。

搭建关心青年、凝聚青年、成就青年的载体平台，推出"蓟电青听"栏目。以个人成长、情感体验、亲身经历相结合的方式，运用精美的文字、平实的情感、具有力量的声音，实现文化感染人、鼓舞人、教育人的传导作用。充分发挥共青团作为党联系青年的桥梁纽带作用，深入青年当中，倾听青年诉求，增进与青年的真挚感情，不断提升共青团的组织力、引领力、服务力和大局贡献度。

红色精神的实践成果

党的十八大以来，以习近平同志为核心的党中央先后部署了党的群众路线教育实践活动、"三严三实"专题教育、"两学一做"学习教育、"不忘初心、牢记使命"主题教育和党史学习教育。纵观这一系列的举措，可以看出，我们党始终把人民放在心上，时刻不忘初心。

对于国网天津蓟州公司来讲，坚持以习近平新时代中国特色社会主义思想为指导，牢记初心使命，大力弘扬时代楷模精神和改革先锋精神，保持安全稳定局面，加快解决电网发展不平衡不充分的矛盾，强化企业管理的质效提升，打造优良的电力营商环境，满足人民美好幸福生活的电力需求，奋力推进蓟州电网实现跨越式发展，奋力推进蓟州公司实现高质量发展，就是工作目标，就是努力方向，就是当下要走好的"长征路"。

回首近年来国网天津蓟州公司的发展历程，成绩斐然，令人振奋。公司全力实施"煤改电"工程，持续加大充电设施建设力度，积极服务光伏用户并网，助力打赢污染防治攻坚战，守护了蓟州的绿水青山。

举全公司之力圆满完成困难村帮扶任务，完成全区 315 个困难村电网改造任务，帮助困难群众直播带货，助力打赢精准脱贫攻坚战，展现了央企的责任担当。全力支撑战略合作协议落地，特别是"1001 工程"实施以来，在广大员工夜以继日的辛勤付出下，相当于用 3 年时间，把过去 60 年建设的电网规模翻了一番，谱写了蓟州电网跨越式发展的壮丽篇章。

实施"1001 工程"，是蓟州区委区政府、国网天津市电力公司贯彻习近平生态文明思想、落实"四个革命、一个合作"能源安全新战略的重要举措，是落实蓟州区与国网天津电力公司战略合作协议、推动蓟州电网高质量发展的实际行动。"1001 工程"自 2018 年实施以来，历时 3 年全面竣工，蓟州区 220 千伏变电站由 2 座增至 4 座，容量由 72 万千伏安增至 192 万千伏安；110 千伏变电站由 9 座增至 14 座，容量由 86.3 万千伏安增至 165 万千伏安；10 千伏线路由 206 条增至 407 条，长度由 2592 公里增至 5485 公里。在此期间，国网天津蓟州公司大力实施"煤改电"工程、农网升级改造工程、山区绝缘化改造工程，圆满完成了 322 个村的"煤改电"任务，9 万余户居民实现电采暖，有效降低了碳排放，极大改善了空气质量；提前 1 年完成农网改造任务，全区户均容量由 2.45 千伏安提高到 5.87 千伏安；实现山区线路绝缘化率 100%，为守护绿水青山、保障人民群众生命财产安全做出了重要贡献。

为保证工程质量和进度，国网天津蓟州公司充分调动一切资源，贯彻落实决策部署，举全局之力，破解承载力不足、安全管控力量薄弱等问题，安全有序推动"1001 工程"和"煤改电"项目建设。针对电网建设外协难题，促成区政府形成日调度、周例会、月通报协调工

文化驱动"群体先进"培育——"大山里行走的红马甲"品牌建设实践

作机制和保护性施工常备化机制，召开协调推动会 51 次，解决外协问题 380 余项。针对工程管理人员不足问题，组织党员成立"煤改电"推动小组，划分党员责任区，每周深入现场摸排施工进展，协调施工力量，协助解决外协问题，配合调配物资，反馈突出问题。针对作业现场安全管控力量不足的问题，遴选安全素质高、技术能力强的人员，充实作业现场安全管控力量，确保安全组织措施、技术措施落实到位。针对安全监督人员不足问题，扩充安全稽查队伍力量，实施领导班子成员分组包片、基层单位"一对一"支援、专业部门周末督查等措施，分区分组开展安全稽查，实现现场安全巡查全覆盖。

"1001 工程"实施的总体工作成效可以用四个词概括。第一个是"翻番增长"。"1001 工程"的全面竣工，推动电网规模实现翻番式增长，相当于用 3 年时间再造了一个蓟州电网，为蓟州区经济社会发展提供了强有力的电力保障。第二个是"大幅降低"。随着"1001 工程"全面竣工，2020 年、2021 年，蓟州区 10 千伏电网故障停电次数连续两年大幅降低，服务投诉率连续两年大幅降低，"1001 工程"成效显著。第三个是"安全稳定"。在 2021 年寒潮、大风、强降雨等恶劣天气频发的情况下，蓟州区电网保持安全稳定运行，城区、农村地区电网均经受住了考验，有效保障了人民群众生产生活用电。第四个是"服务升级"。公司积极主动对接服务万达、春山里等重点项目，全力优化园区供电网架结构，持续压减办电环节和办电成本，优化地区电力环境，得到了广大客户的肯定和赞誉。

第一章 红色文化传承

开展"煤改电"线路检查

"上下同欲者胜,风雨同舟者兴。"只要牢记习近平总书记嘱托,旗帜鲜明讲政治,在埋头苦干中服务大局,在积极进取中开拓新局,发扬"推土机"精神,展现"群体先进"风貌,忠诚担当,求实创新,追求卓越,奉献光明,国网天津蓟州公司就一定能够乘风破浪、行稳致远。

第二章 企业文化引领

第二章 企业文化引领

第一节 文化铸魂定向引航

文化是一个国家的灵魂，一个民族的精神命脉。文化兴，则国家兴；文化强，则民族强。国有企业是弘扬社会主义先进文化、建设文化强国的重要力量。国网天津蓟州公司作为企业文化落地实践的"最后一公里"，在企业文化建设实践中不断探索，围绕"文化共建、策划共商、资源共享、成果共赢"的目标，牢固树立文化工作"一盘棋"的意识，协同组织文化建设活动，通过专项文化建设、创建基层文化示范点等载体，广泛传播国网公司企业文化理念，不断巩固全体员工团结奋斗的共同思想基础。国网天津蓟州公司构建了有效的宣传工作机制，结合生产实际，统筹部署推进安全、质量、服务、廉洁、法治等文化建设，推进企业文化在各专业领域全面落地深植。

聚焦目标定位当先锋

1957年以前，蓟州的电力事业还是一个空白点。"吃粮靠天、吃水靠肩、点灯用油、碾米用牛"，这首民谣是当时蓟州广大人民群众生活的真实写照。为满足群众生产生活用电需求，自1958年起，两年多的时间，国家相继在州河上游的山下屯、沟河、穿芳峪等地修建了10余座水电站。1958年12月蓟县、大厂、三河合并后，又架设了三河城关至蓟州城关10千伏线路，从此蓟州进入了由电网供电的时代。

文化驱动"群体先进"培育——"大山里行走的红马甲"品牌建设实践

穿芳峪水电站

从"供电者"到"低碳社会构造者"

100年前，电力行业的定位主要是供电。1949年，中国发电装机容量仅为185万千瓦、全年发电量仅为43亿千瓦时，电力是绝对的稀缺资源。

新中国成立后，面对百废待兴的局面，党中央决定发展电力，为人民政权的巩固、社会主义经济的发展和工业化建设夯实基础。随着现代化、城市化建设速度的提升，电力与人民生活的关联日益密切。于是，电力行业的定位从基础产业逐步过渡到"基础产业+公用事业"。

进入21世纪，随着电压等级逐步提高，已经初步解决了电力短缺问题，并不断满足经济社会发展对电能质量的要求。同时，作为"工业的血液"，电力在促进工业领域节能减排中发挥着调控性作用。电力行业被赋予参与社会资源优化配置的功能。

面向未来，为落实"双碳"目标，电力行业的定位再次拓展，即通过可再生能源电力化和终端能源消费电力化，助力全社会实现低碳发展。

回顾这100年，电力行业一直被赋予重要的使命，从经济社会发展的基础产业、公用事业，到助力社会转型、资源优化配置的行业，再到推动全社会低碳发展的行业。正是在这样的变化中，电力行业成为促进经济社会发展、人类文明进步的根本动力。

永远是为民服务的"先行官"

我国的传统文化中，"为民"的思想一直源远流长，白居易的"心中为念农桑苦，耳里如闻饥冻声"，郑板桥的"些小吾曹州县吏，一枝一叶总关情"，传递的都是心中有民的情怀和理念。中国共产党从诞生那一天起就把"人民"写在自己的旗帜上，国网天津蓟州公司更是坚决贯彻党的路线、方针、政策，紧跟领袖步伐，在"两学一做"中铸就理想，在主题教育中淬炼信念，在党史学习教育中锤炼本领，使"四个意识""四个自信""两个维护"成为政治自觉、思想自觉、行动自觉。

国网天津蓟州公司始终坚持"以人民为中心"，做党和人民最可信赖的依靠力量。公司践行"人民电业为人民"的企业宗旨，深入落实天津市优化营商环境三年行动计划，以"获得电力4.0版双十条""三新三服、30项举措"为抓手，持续提升服务水平。公司提供安全可靠的电力保障，从讲政治的高度全面落实"五个最""四个零""一个杜绝、三个不发生"的工作要求，集中精力保安全、保供电、保服务，为经济社会发展、百姓美好生活提供坚强可靠的供电保障。公司全心全意服务民计民生，积极对接民心工程涉电业务，扎实将民心工程办实办好；扎实开展"煤改电"村线路设备运维抢修工作，确保用户温暖过冬；着力做好路灯运维、城市夜景供电等工作，改善城市面貌。公司打造的"大山里行走的红马甲"志愿服务品牌，组织开展了"安全用电进校园进社区""为藏区儿童送温暖"等志愿服务活动 150 余次。其中"解滞销难题"直播带货活动，得到政府和社会的广泛认可；"煤改电"工程让蓟州人民告别煤烟取暖，农网改造升级载入蓟州发展史册，助力"双战双赢"解困百千企业。公司增投资、优服务、助复工、保供电，只要党有指示、人民有需要，蓟州电力就有行动。关键时刻，国网天津蓟州公司扛起了"央企姓党"这份责任，撑起了属于央企的那片天。

第二节　文化赋能蓄势增效

牢记初心使命展作为

初心如磐，使命如山。作为守卫光明的国有企业"顶梁柱"，国网天津蓟州公司坚持以服务人民美好生活的历史使命和责任担当，坚定不移践行"人民电业为人民"的企业宗旨，全面提高供电服务建设管理水平，持续优化提升电力营商环境，高质量推动地方经济、社会、环境可持续发展。

履行央企担当

国网天津蓟州公司坚决当好"人民电业为人民"的坚定保障者。秉承"人民电业为人民"的初心，公司牢固树立"以人民为中心"的服务宗旨，聚焦"国民经济保障者、能源革命践行者、美好生活服务者"的战略定位，强化"管业务必须管服务"的原则，规范服务行为，增强服务能力，提高服务质效，着力提升供电服务品质。

第二章　企业文化引领

国网天津蓟州公司砥砺奋进，用汗水与智慧绘就了蓟州电力跨越式发展的壮丽篇章。国网天津蓟州公司积极促成国网天津市电力公司与蓟州区政府签署3个战略合作协议，实施"1001工程"，蓟州区220千伏变电站由2座增至4座，110千伏变电站由9座增至14座，10千伏线路条数、长度及台区容量均实现翻番式增长，创蓟州电网扩大规模之最。公司圆满完成500余项重大保电任务，始终保持疫情防控"双零"，牢牢守住安全稳定"生命线"，以实际行动彰显了国企担当本色。

优化营商环境

国网天津蓟州公司坚决当好"为美好生活充电"的自觉服务者。公司肩负"为美好生活充电"的使命，牢固树立"以客户为中心"的企业服务理念，严格落实供电服务管理和监督"两个责任"，推动"两个十条"有效落实、供电服务问题有效控制，以最强担当、用最硬举措、尽最大努力，着力提升公司供电服务水平。

国网天津蓟州公司胸怀大局、主动作为，全力以赴战疫情、保供电，为蓟州区经济社会发展提供了坚强可靠的电力保障。公司深入开展"双进双服"活动，累计走访客户3398户，解决客户用电问题120项。成立柔性工作团队，深入现场服务客户用电需求，实现州河产业园区负荷与农网负荷分离，高效完成冬奥会训练场馆两条电源线建设任务。修订完善《国网天津蓟州公司优质服务奖惩考核实施方案》，激励员工持续提升服务意识。严格执行小微企业接电免费办理、园区客户供电到红线等政策，惠及用户2276家，节省办电成本289.75万元。

加强党建统领

国网天津蓟州公司坚决当好"为美丽中国赋能"的忠诚践行者，凝聚起"为美丽中国赋能"的力量，牢固树立"大国重器顶梁柱"的担当争先意识。关键在党，重心在人，无数实践证明，今天取得的成绩和赞

文化驱动"群体先进"培育——"大山里行走的红马甲"品牌建设实践

开展"电力课堂"进乡村活动

誉,都来源于一切行动听指挥的政治优势。

国网天津蓟州公司牢记嘱托、勇担使命,以党建融入优质服务工作为突破口,以降投诉、优服务为目标,牢牢抓住"一线是服务客户的最前端"这一关键点,将"服务"作为党建融入生产经营的切入点,建立"一个中心、三级支撑、三维保障"的工作机制。公司通过明确"一线为中心"这一基本点,搭建党委统筹、专业协调、支部推进的分层分级支撑平台,强化组织保障、技术保障、激励约束保障,构建"让一线呼唤炮火"的党建融入优质服务模式。通过思想引导、实践锻炼,形成了自上而下、全员服务的服务理念,员工责任感显著提升,主动服务意识不断增强。公司党委谋篇布局,专业精准管控,使服务思路更加明确,服务方法更为科学,服务效率明显提升,高质量完成了各环节各阶段的服务目标。2008年11月24日公司成立了"大山里行走的红马甲"志愿服务队,队员们弘扬雷锋精神,用实际行动诠释电力人的责任担当,主动服务天津市蓟州区 26 个乡镇，积极探索"志愿服务＋安全＋绿色＋社会责任"等服务内容，以实际行动汇聚成了志愿服务的青春暖流。

"一根针"理清"千条线"，"一条心"点亮"万家灯"。国网天津蓟州公司时刻按照"供电服务与安全生产同为公司的生命线"这一目标和定位，以更高站位、更大担当、更好作为，仰望星空走前列，脚踏实地做表率，永创最好干精彩，助力全速优化营商环境、全面建成小康社会，更好地为美好生活充电，更快地为美丽中国赋能。

创新载体内容增活力

面对新时代、新形势和新要求，国网天津蓟州公司将构建以客户为中心的内外联动"双擎"文化传播模式作为满足人民对美好生活向往的重要载体，进一步提升企业文化的感染力、向心力、凝聚力。

畅通分众传播四条路径

将文化传播融入员工成长，增强员工共知共识。公司突出活动引领，举办"新时代企业文化大家说""以客户为中心，做黎明式员工"等主题活动，开展企业文化专题学习 214 次，形成交流学习体会 45 篇；以张黎明为民服务品质为引领，开展党员服务队建功行动 181 次。突出环境熏陶，提升文化环境，宣传展示企业文化核心价值观，开展以"学习黎明精神，点亮道德心灯"为主题的"道德讲堂"活动，提升员工为民服务的思想境界。突出典型选树，搭建"黎明式"员工选树平台，形成了"学楷模、见行动、优服务"的浓厚氛围。

将文化传播融入青年培养，培育青年服务品牌，打造"大山里行走的红马甲"志愿服务品牌。公司围绕"点亮用户心灯"主题，举办文化宣讲会、事迹分享会、专题研讨、主题团日活动等 34 次。百余名青年

文化驱动"群体先进"培育——"大山里行走的红马甲"品牌建设实践

积极开展用电设施安全保护宣传、居民社区延伸服务、"煤改电"现场攻关等活动。打造"师徒互促、传技帮带"青年成长引导品牌，27对师徒通过活动互促提升，让老员工在传承经验中受到尊重、在帮带中体现价值，让青年员工加速成长、提升素质。打造"青年说吧""青创沙龙"创新激励品牌，推进青创项目孵化和成果运用，培育出一批为民服务的精品成果。

将文化传播融入员工关爱，提升员工文化感知。公司依托员工服务平台传播文化，发挥"妈咪之家""职工书屋""健身中心"等文化阵地作用，舒缓员工身心压力的同时传播文化理念。依托员工参与活动传播文化，开展"为电网放歌，为职工抒写"职工文学精品创作活动，组织"巾帼建功·点亮幸福"主题活动、"S365职工健步走"等特色活动，全面推广"书香国网"职工数字阅读平台，增强职工的综合素质。

将文化传播融入员工激励制度，推进文化品质传承。公司通过向在职老员工送文化关爱、开展"点亮幸福心灯"老员工需求调研，发挥文化感染力，用文化的力量引导老员工发挥余热，回报企业。通过向退休老员工送文化温暖，并结合各类慰问活动，将新时代企业文化理念及时向老员工传递，保障退休员工政治和生活待遇，让老员工既能感受文化又能传播文化。

畅通服务客户两条路径

将文化传播融入优质服务，以客户体验优化营商环境赢市场。公司落实"人民电业为人民"的企业宗旨，做区域政府的好帮手，以"煤改电"等市政重点工程为抓手，定期对接政府规划、建设等部门，深化政企合作对接，积极开展上门服务，为政府部门排忧解难，为百姓提供优质绿色能源，用行动传播文化理念。全心全意服务客户，做客户的"电管家"，大力开展电力安全宣传和隐患排查工作，确保变电站"零缺陷"

投运，完善"一站式"服务机制，与客户建立"一对一"包保机制，在迎峰度夏、度冬、重大活动保电期间加大服务频度，提升客户用电体验。

将文化传播导入载体活动，以党建引领文化传播助力重点工程。公司实施支部文化传播立项活动，依托党建包保网格化，围绕服务客户、传播企业文化开展立项工作。实施共产党员突击队助力文化传播，重点围绕"煤改电"、电网工程建设等项目，组建党员突击队，有针对性地走访客户，传播电力企业绿色清洁能源理念，开展攻关95次；实施共产党员服务队助力文化传播，对标"时代楷模"张黎明的优秀服务品质，开展服务客户、政府、老弱病残特殊群体等活动86次，使得"以客户为中心"的理念深入人心，得到广大电力客户的好评。

提升"以人为本"管理模式

从"直接-间接""内部-外部""上游-下游"三个角度深刻剖析国网天津蓟州公司服务客户的精准定位，依据不同专业、不同现场提炼有针对性、有实效的特色管理手段。夯实安全责任，开展"安全文化进班组""我的一堂安全课"、安全寄语等特色安全文化展示活动，推动安全责任在一线落地。提升管理质量，结合各自专业配置，以统一的新时代企业文化为统领，建立一主多元的专业管理文化单元，制订"家规、家训"，树立现场质量服务意识。改进现场服务，结合卓越绩效模式导入，引入看板管理、课题研究等质量管理方法，实现更集约、更智能、更精益的现场服务。

规范员工行为，加快作风建设。坚持以人为本，将新时代优秀企业文化融入专业行为规范和岗位行为规范中，真正将制度遵循转化为广大员工的情感认同和行为习惯。将红色作风植入员工行为，以红色坐标串联支部环境建设，借助盘山烈士陵园、龙山革命教育基地等红色教育资

文化驱动"群体先进"培育——"大山里行走的红马甲"品牌建设实践

源,通过踏访红色足迹、走访先进典型、诵读红色经典打造"红领文化月",用红色基因锤炼员工艰苦奋斗、吃苦耐劳的优秀品格。倡导廉洁风尚,敦促员工慎行,设立廉政图书角,举办廉洁书画展,定期展播警示教育片、推送廉洁小故事,起到寓教于乐、易于接受的教育效果,让廉洁理念从"文件"走向"文化"。以文明标尺定义员工素养,加强职业道德、法治教育,开展"弘扬传统文化·我们的节日"系列活动,倡导文明新风,争做文明员工。

优化服务能力显价值

近年来,国网天津蓟州公司大力弘扬奉献、友爱、互助、进步的志愿精神,积极培育和践行社会主义核心价值观,围绕乡村振兴、疫情防控、"双碳"落地、节约用电等主题,组织开展特色志愿服务活动200余次。成立"山里红助学基金",积极投身帮困助学、便民利民等服务领域,200余名志愿者常态化为群众办好事、办实事,架起党群"连心桥",助力实现从"个体先进"向"群体先进"的拓展升级。

2010年2月的一天,马伸桥村村民王大妈来到所里,找到电工小刘,说道:"小刘啊,你看看把我家里的电表拆下来吧,我们家不用电了。"细心的小刘发现王大妈满面愁容。在小刘的耐心询问下,老人终于说清了缘由。原来王大妈的老伴病故了,家里唯一的经济来源就是老伴的退休金,现在老伴没了,也就没有了经济来源,王大妈交不起每月几块钱的电费了。小刘听此情况后,立即找到所长说明了情况,所长说一定要让王大妈过一个亮堂堂的春节。2010年2月以来,马伸桥供电服务中心先后组织员工捐款5次,共计8560元,用于帮助那些因经济困难交不起电费的军烈属、荣退转业军人、伤残孤寡老人等,先后资助25户困难户缴纳了电费。此项活动得到了政府的肯定和老百姓的称赞,地方电视台也对此进行了报道。

2021年6月12日,"大山里行走的红马甲"志愿服务队来到别山镇红花峪村开展桑葚直播助农活动。红花峪村的陈振全家有6亩(1亩=0.0667公顷)桑葚树,旺季每天的产量有400千克,仅靠老两口经营销售,实在是忙不过来。了解到这一情况后,青年志愿服务队迅速组织开展直播活动,队员们上树打果、分包装盒、运输配送,开展"一站式"服务,为老百姓解决难题的同时拓宽销路,累计销售桑葚200余千克。

2022年3月2日,国网天津蓟州公司志愿者通过漫画形式,从电的简单认识、电的危害、生活中的安全用电、节约用电、电力标识等几方面为16名留守儿童进行讲解,提高留守儿童安全用电意识和自我保护能力。志愿者们还通过你比我猜的游戏,将电力小知识融入游戏,让孩子们在游戏中加深记忆。志愿者们还发挥自身才艺,为小朋友们上了一堂美术课,教他们画2022年北京冬奥会吉祥物冰墩墩。"看着小朋友们认真的脸庞,看着他们纯真、羞涩的笑容,我的心里暖暖的。"国网天津蓟州公司志愿者陈田说道。

正是通过这样一点一滴的小事,汇聚了我们的大爱。同时,也可以看出,国网天津蓟州公司的员工们时刻践行着企业的宗旨,稳步向前。他们将理论学习与实地瞻仰相结合,不断从革命历史中汲取养分,并将其转化为推动工作的强大动力,努力造就一支敢打硬仗、能打硬仗、善打硬仗的电力铁军队伍。他们在"大山里行走的红马甲"志愿服务品牌中注入革命精神,以红船精神、长征精神、延安精神、沂蒙精神和西柏坡精神激励彼此饮水思源、不忘初心,以百倍的热忱参与到志愿服务中,进一步彰显央企责任。他们在"两大工程"和"9100行动计划"中充分发挥党委政治核心作用,深化"党建+"安全生产、电网建设、优

文化驱动"群体先进"培育——"大山里行走的红马甲"品牌建设实践

开展"大手牵小手'电'靓振兴路"学雷锋志愿服务活动

质服务活动，有力地保障了"煤改电"等重难点任务顺利竣工。

一年企业靠产品，十年企业靠品牌，百年企业靠文化。国网天津蓟州公司在企业文化建设的过程中，坚持和加强党的全面领导，坚持以人民为中心的发展思想，深入实施强根铸魂工程，加快建设新时代优秀企业文化。公司坚持"人民电业为人民"的企业宗旨，发扬"努力超越、追求卓越"的企业精神，在打造优秀企业文化的过程中紧密结合企业实际，创新易被员工接受的方式方法，并以锲而不舍、久久为功的韧性加强企业文化的培植，逐渐使企业文化精神理念深入人心，并转化为员工的自觉行为。国网天津蓟州公司以海纳百川的胸襟，积极吸收借鉴不同历史时期的优秀文明成果，并结合红色革命老区实际，积极探索新时代企业文化与红色革命文化结合落地的有效途径，传承红色基因，弘扬革命精神，打造符合公司实际的优秀企业文化，凝聚员工干事创业的磅礴力量。

第二章　企业文化引领

第三节　文化融入凝心聚力

浸润红色文化促发展

国网天津蓟州公司坚持以党内政治文化引领企业文化建设，不断拓展文化铸魂、文化赋能、文化融入实践路径，强化文化认同，坚定文化自信，引领广大职工为企业发展奉献力量。

"文化融城"深植爱党爱国情怀

国网天津蓟州公司党委坚持践行"举旗帜、聚民心、育新人、兴文化、展形象"的使命任务，结合党史学习教育、理想信念教育等，积极投身"红色足迹践初心，文化之旅靓津城"文化融城主题活动，用红色精神铸就使命担当。公司系统梳理蓟州区30余个红色爱国主义教育基地，绘制"红色文化地图"，组织200余名党员职工赴红色教育基地参观学习，深植爱党爱国情怀。

"通过'文化融城'主题活动，我深刻地认识到电力服务城市发展的重要意义，也清醒地认识到继承和发扬先辈们敢打硬仗、能打硬仗的精神至关重要，立志要为服务电网建设和蓟州发展练就一身硬功夫、真本事。"国网天津蓟州公司职工在参观"金水泉山"抗日战争胜利纪念馆之后激动地说道。

"过去的老前辈宁可战死沙场，也不向敌人投降，为了祖国的解放，献出了自己宝贵的生命。今天赤旗交付我辈，我们必将传承伟大建党精

文化驱动"群体先进"培育——"大山里行走的红马甲"品牌建设实践

神,立足本职,岗位建功。"全国学雷锋示范点"大山里行走的红马甲"志愿服务队队员在盘山烈士陵园庄严宣誓。

国网天津蓟州公司充分发挥蓟州革命老区红色资源丰富的优势,通过微课堂等形式,开展红色教育,学习革命精神,掀起"四史"学习热潮。公司持续弘扬志愿精神,每年平均开展"学雷锋"志愿服务活动200余次,用心用情提供电力服务,赢得蓟州区各界和广大百姓的充分认可。

与此同时,国网天津蓟州公司以传统节日、重要活动为契机,挖掘社区、企业红色特征,开展参观交流,积极探寻城市红色印记。通过参观前"自主学"、过程中"现场讲"、回程时"共同忆",将老一辈的文化传承不断浸润到大家的情感深处,激励广大职工将爱党爱国热情转化为"人民电业为人民"的具体行动。

参观"金水泉山"抗日战争胜利纪念馆

"时光故事"积聚企业发展动能

用人力和牲畜加工米面、在煤油灯下缝补衣衫、以人工为动力加工手推车零件、一座早期兴建的穿芳峪水电站……一组组老照片是历史最好的见证,也见证了蓟州电网蒸蒸日上的变化。每一张照片的背后,都是蓟州电网从无到有、由弱到强的巨大变迁的缩影,其中折射的正是蓟州经济社会不断发展、人民生活水平不断提高、城市基础设施不断优化升级的历程。

党的十八大以来,国网天津蓟州公司结合实际,科学谋划,做好顶层设计,主动进位。自2018年起,蓟州电网规模实现了跨越式的发展,3年内在蓟州区规划投资了70多亿元,共计700多项工程。实施"1001工程",是国网天津蓟州公司最大的政治任务,按时高标准、高质量完成,既是国网天津电力公司和蓟州区政府的重托,也是历史的考验。在国网天津市电力公司党委的正确领导下,国网天津蓟州分公司全体员工共同努力,以"钉钉子"精神,圆满完成了"1001工程"10个新建、扩建变电站及配网"煤改电"8万户居民房,确保高质量完成目标任务,实现"十四五"良好开局,更好地促进蓟州区发展。

曾经一盏煤油灯,照亮黑暗的夜空;如今万家灯火,让夜晚华灯闪耀。那些老照片,记录了几代蓟州电力人无私奉献于光明事业的伟绩,他们身上所折射出的拼搏精神逐渐成为蓟州电网人的名片,转化为干部职工干事创业的实际行动,感染带动一代代蓟州电网人为电网的安全稳定运行默默坚守、无私奉献。

"国网天津蓟州公司通过支部征集、故事诠释、视频展播、主题展览'四部曲',加强企业文化人格化承载、故事化诠释,通过解码'老物件'文化基因,见证了老一辈蓟州电力人的奋斗历程,也见证着咱们新一代蓟州电力人对先辈优良传统的继承和发扬。""国网劳动模范"

文化驱动"群体先进"培育——"大山里行走的红马甲"品牌建设实践

获得者苏朝阳在"红色供电所"中饱含深情地为新员工讲解，再现了蓟州电力人踔厉奋发、笃行不息的精神品质和"群体先进"的良好风貌。

光明与动力，正在为蓟州这座历史文化名城源源不断地注入新活力，电力人站在新时代的起点上，与时俱进，让电力薪火生生不息！

统一认同共识聚合力

"进变电站请戴好安全帽，过度饮酒不能进施工场地，抢修线路请系好安全带……"这是近期在国网天津蓟州公司开展的文化走进党支部、走进班组、走进岗位"三走进"活动中的提示内容。

统一思想形成共同的理想信念

国网天津蓟州公司坚持致力于把中央的大政方针在企业具体化，体现国家意志，逐步形成了与企业实际相结合的核心企业文化。国网天津蓟州公司历届领导班子成员经常强调，"要用企业文化激发积极性、调动创造性，保持昂扬的精神状态。要刚柔相济，用文化把员工的思想凝聚起来，把潜能激发出来，让企业永葆青春和活力。"

随着来自五湖四海的职工不断增多，大家在文化背景、思维方式和工作作风上存在差异，解决职工融合问题成为蓟州电网发展的重要前提。为此，国网天津蓟州公司确立了"强本、创新、领先"的发展思路，明确回答了对谁负责、为谁服务，建设一个什么样的电网、怎样建设电网的核心问题。通过开展"同心结蓟网"主题文化活动等多方面努力，蓟州电网融合发展得又快又好，解决了人员融合难的问题。

在忙碌的农网建设工地上，职工任磊带着小伙伴们正忙碌着，2019年供电公司要完成史无前例的城农网建设改造任务，但大部分施工正逢雨季，雨量多、路况差、物资运输困难等制约了工程进展。从开始施工到现在，他每周平均辗转5个乡镇，检查施工现场安全，考量技术要求,协调施工条件,回到城里时经常是夜里两点左右。一天,他的家里发生了突发状况,听到消息后,他从工地急忙赶到医院,稍作安顿后又返回工地。他说:"工程能早一天完成,让大家用上可靠电,是我的本分啊!"

统一的奋斗目标、统一的发展思路、统一的工作理念,国网天津蓟州公司文化激励着无数个这样的员工,他们保持着良好的精神状态,努力干好各项工作。目前,国网天津蓟州公司文化已内化为员工的心理认知结构,成为他们共同的理想信念。

2020年,新冠肺炎疫情对国内外社会秩序、经济发展、生产生活造成严重影响,也对国网天津蓟州公司的生产经营带来了冲击。国网天津蓟州公司迅速部署、迅速安排、迅速采购、全面防控,领导班子成员分片对所有基层单位防疫措施进行现场督查,摸排基层防疫物资储备情况,督导各项防疫措施落实到位。同时,坚决服从区疫情防控工作大局,先后抽调140名员工对口支援文昌街道办,承担6个小区24小时值守、重点隔离人员看护等任务。公司组织全体党员开展爱心募捐活动,募集捐款3.8万余元。天元社区疫情防控值守人员回忆说:"那时,大家同'州'共'蓟',蓟州电力文化这根红线把我们每个人的心都串在了一起。"

凝聚人心树立"万家灯火,蓟网情深"共识

2021年,受多种因素影响,供电保障形势严峻,国网天津蓟州公司严格落实上级的各项工作要求,领导班子成员带队服务政府、企业,指导企业错避峰用电,降低企业成本开支,用心、用情解决百姓急难愁盼问题。同时,积极与政府、企业沟通协调,在关键时刻,公司没有简单地拉闸限电,而是率先扛起"主动承担社会责任,全力做好电力供应"的大旗,当经济效益与社会效益发生矛盾的时候,毫不犹豫地选择以企

文化驱动"群体先进"培育——"大山里行走的红马甲"品牌建设实践

业效益为重、社会效益优先,树立起"万家灯火,蓟网情深"的共识。

蓟州电力人与时俱进,不断丰富和完善着企业文化的内涵。当前持续多年的供电紧张形势发生根本性变化,居民对供电的关注点由"用上电"转变为"用好电",蓟州电力人提出主动服务,持续打造"'蓟'电先锋、'州'到服务"项目,一切工作流程"围着用户转",努力减少客户停电时间,做到"服务永无止境"。

在城区供电服务中心,某家属院胡同内有两根电杆因年久失修,已经向居民房屋倾斜,存在倒杆安全隐患。2022 年 6 月 27 日,家属院居民打电话到城区供服中心,希望尽快消除电杆隐患。经工作人员现场核实,该电杆为用户资产,但用户表示已经找过负责收电费的单位,该单位不承认电杆为其资产。城区供电服务中心本着"人民电业为人民"的高度使命感,积极同相关单位沟通,协助家属院居民督促电杆产权单位进行电杆隐患整改,并为其提供技术支持。最终电杆隐患得到了有效治理,消除了居民的担忧。服务文化、安全文化、廉洁文化……正是蓟州电力人企业文化的凝聚力,助推企业实现跨越式发展。

文明实践将价值理念转化为行为自觉

国网天津蓟州公司党委立足电力企业特点和优势,契合群众实际需要,用电力企业发展实践的生动案例宣传宣讲习近平新时代中国特色社会主义思想。

"你看这村口的树终于种上了,我计划在这块空地建一个活动广场,让老百姓有个健身交流的好去处。"国网天津蓟州公司驻村第一书记赵宝江和前来义务植树的志愿服务队队员介绍着扶持经济薄弱村东二村的发展规划。国网天津蓟州公司以"低碳大篷车,点亮振兴路"为主题,将新时代文明实践活动融入助力乡村振兴战略实施,通过"点亮一盏灯,讲一堂安全课,种上一棵树,送去一本书"等系列活动,在乡村点亮绿色生活新风尚。

"大娘，您家这进户线接头松动的问题已经解决了，以后再有刮风下雨，您家的灯就不会闪了！"国网天津蓟州公司共产党员服务队队员帮助百姓解决了家里的用电问题。国网天津蓟州公司通过建设电力便民服务站、宣传宣讲国家安全观、解决生产生活用电难题等活动，为乡村振兴赋上"电马达"。同时，围绕"双碳"落地、电力保供、营商环境等多个维度，开展宣传宣讲党的创新理论350余场、服务百姓用电需求250余次、帮扶困难弱势群体50余次、弘扬文明新风活动240余次，惠及百姓22 800余人次，以电力之为传播党的声音、传递党的温暖。

文化如水，浸润无声。国网天津蓟州公司牢记初心使命，坚定文化自信，以文弘业、以文培元、以文化人，持续把国网公司价值理念转化为职工情感认同和行为自觉，持续增强执行力、创造力、战斗力，促进公司文化软实力不断提升、核心竞争力全面加强。

迎接大战大考强担当

想百姓之所想，忧百姓之所忧。近年来，国网天津蓟州公司将"大山里行走的红马甲"志愿服务队和共产党员服务队建设作为履行央企"三大责任"、架起党群"连心桥"、赋能百姓美好生活的有效载体，始终践行"人民电业为人民"的企业宗旨，在大战大考中彰显央企担当。

全力保障电力安全可靠供应

确保电网安全运行和电力可靠供应，始终是国网天津蓟州公司的第一责任、首要任务。2022年3月17日至18日，受冷空气影响，蓟州地区出现降雪，气温骤然下降。为积极应对"倒春寒"天气，确保电网安全稳定运行，国网天津蓟州公司迅速部署、迅速安排，组织运维人员对

文化驱动"群体先进"培育——"大山里行走的红马甲"品牌建设实践

辖区变电站进行全面红外测温，对重点线路进行"拉网式"检查，排查各类设备隐患。公司及时启动恶劣天气应急预案，组织共产党员服务队队员对"煤改电"地区变电站、输电线路、杆塔、拉线等重点部位进行逐一排查，及时处理影响可靠供电的设备隐患，切实提高供电质效；增加设备巡视频次，及时查找并消除因突然降温而引发的各类设备隐患、缺陷，确保线路设备突发情况得到快速有效处置；加强防疫用户供电保障，对医院、隔离点等重要防疫用户开展特巡特护，确保遇有问题及时响应、快速处理。

防汛保供是关系到人民群众生命财产安全的大事，也是共产党员服务队的工作重点。进入汛期以来，每次预警前夕，国网天津蓟州公司共产党员服务队队员都要去于桥水库闸坝管理所等重要地点查看。共产党员服务队立足"早部署、早准备、早排查、早防御"，完善服务区内30个闸涵泵站用户"一户一案"，就防汛会商系统应急电源配置、变电室末端自动投切装置、增容改造等问题提供技术指导，掌握供电方式和应急电源配备情况，对低洼地区触电伤害隐患、防汛泵站内部设备隐患进行"网格化"排查治理，为群众撑起防汛"保护伞"。

"每年汛期到来前，国网天津蓟州公司的人都会来协助我们开展电力设备隐患排查。有了他们的配合和支持，保证于桥水库抗洪排涝，我们就有信心了。"于桥水库闸坝管理所副所长霍光感谢地说道。2022年7月6日，国网天津蓟州公司城区供服中心党支部组织党员对于桥水库闸坝的箱式变压器、溢洪道闸门启闭机房及发电机等配电设备和供电线路进行安全巡查。为全面做好防汛保电工作，国网天津蓟州公司成立党员特巡小组，对70条配电线路进行特巡，逐一落实低洼易涝区电力防护措施，积极采取主动避险、局部加固等防御措施，制订针对性应急预案和负荷转供方案，全力保证电网、设备安全稳定运行。

第二章 企业文化引领

不断优化营商环境服务民生

国网天津蓟州公司认真学习贯彻习近平总书记重要指示精神和党中央、国务院助企纾困工作部署，开展助企纾困、服务企业复工复产走访活动，通过走访企业，为企业解决用电难题，帮助企业降低用能成本，营造最佳电力营商环境。在"一党员、一个站、一片卡、一张网"工作模式的基础上，建立了由服务人员、网格人员、专家团队组成的业务咨询"三重"沟通保障机制，以客户诉求为出发点，利用公众媒体、短信平台、微信群、朋友圈等线上渠道，印制网格员便民服务卡和表箱贴、发布供电所便民服务联系信息或网格员联系信息等线下渠道，深度融合企业信息体系，形成较为完整、准确的客户基础档案信息及标签信息，全方位、无死角地开展用电服务工作，全面提升供电服务快速响应及处理能力，提升用户电力获得感。

"自从电力工作人员指导我们申请了基本电价计费方式变更，我们这个月电费减少近 2 万元，这笔费用可以帮助我们用于企业生产。"来自天津蓟州开发区某企业的用户对前来服务的电力网格员表示感谢。国网天津蓟州公司电力网格员通过营销业务系统数据发现，该企业变压器容量为 1575 千伏安，而该公司连续 3 个月负荷值仅为原来的 1/5，如果将基本电价计费方式由原来的按容量收取改为按需量收取，每月可为企业节省电费近 2 万元。

聚焦企业用电难点，国网天津蓟州公司深入推进"电力网格"服务机制，由专业技术骨干成立"一专多能"的电力网格员，打通公共数据资源，建立"一企一对策" 7×24 小时沟通反馈机制，以便捷、优质、高效供电服务确保用户诉求"件件有回复，事事有落实"，累计服务中小企业和个体商户 100 余户，通过落实各项电价电费政策，不断优化营商环境。

文化驱动"群体先进"培育——"大山里行走的红马甲"品牌建设实践

圆满完成重大活动保电任务

为各项重大活动提供安全可靠的电力保障，是国网天津蓟州公司履行政治责任和社会责任的重要体现。

2021年是中国共产党成立100周年。国网天津蓟州公司高度重视庆祝建党100周年电力保障工作，提高认识、提高站位，统一思想、统一行动，按照"全网保重点、华北保北京、北京保核心、各地保平安"的原则落实责任，细化措施，集中力量尽锐出战，确保电力保障万无一失。国网天津蓟州公司以最高标准、最强组织、最严要求、最实措施、最佳状态，实现"设备零故障、客户零闪动、工作零差错、服务零投诉"的保电目标，圆满完成庆祝大会供电保障任务。

第十四届全运会是2022年北京冬奥会前我国举办的规模最大的体育盛会，而且按照天津市冬季和水上运动管理中心以及蓟州区委、区政府的工作安排，第十四届全运会击剑项目于2021年9月16日至22日在天津市蓟州体育训练中心举办，做好供电保障工作责任重大、使命光荣。国网天津蓟州公司提高政治站位，紧绷思想之弦，压紧压实责任，第一时间成立全运会共产党员突击队，全力以赴做好第十四届全运会保电工作。

2022年全国高考刚刚落幕，天津市中考战鼓随即擂响。国网天津蓟州公司兵不解甲、马不卸鞍、箭不松弦，再次奔赴"战场"，书写中考保电"答卷"。2022年6月18日，国网天津蓟州公司中考保电工作进入正式保障阶段，2022年是天津新中考改革落地实施之年，考试时间、科目、分值等较往年有较大变化，蓟州区有20 106名考生（含八年级）参加2022年初中学业水平考试，共设14个考点、683个考场，考生人数和考场数比去年增加1倍以上，保电压力明显增大。为确保中考期间供电安全可靠，国网天津蓟州公司深化"党建＋重大保电"工程，按照"二级任

第二章　企业文化引领

第十四届全运会击剑项目保电

务、一级标准"落实各项保电举措，全面打好中考保电"总体战""攻坚战""保卫战"，全力以赴为中考保电护航。

在历次这样的大战大考中，国网天津蓟州公司不畏挑战、顽强拼搏，创造了不平凡的业绩，展现了对党忠诚、敢于担当的政治品格和敢打硬仗、能打胜仗的过硬作风，并在实际行动中以服务大局的担当、攻坚克难的勇气、开拓进取的智慧和矢志不渝的追求，扛起了电网责任，服务新发展格局，不断推动企业高质量发展。

第三章 团队文化驱动

第三章　团队文化驱动

第一节　团队文化的厚植培育

团队文化是团队成员共同遵守的工作理念及行事准则，是团队成员在相互合作的过程中，为实现各自的人生价值、为完成团队共同目标而形成的一种潜意识文化。团队文化不是山头文化，而是企业文化的子文化，其底色是企业文化。团队文化长在企业文化的"树干"上，表现出丰富多彩的"树枝"文化特色，在团队文化这棵大树上，每个团队的文化都有可能展现出不同的风貌，且往往带有地区风土人情的风格特点。独特的风土人情，也往往会营造出独特的团队文化。

为民服务是初心

2001年，中共中央颁布实施《公民道德建设实施纲要》，国家电网有限公司随机启动"电力市场整顿与优质服务年"活动。为高质量落实国网公司活动部署，扎实开展电力服务，2008年国网天津蓟州公司成立了"大山里行走的红马甲"志愿服务团队。

党的十八大以来，以习近平同志为核心的党中央坚持以人民为中心的发展思想，持续夯实民生基础，推动改革发展成果更多、更公平地惠及全体人民。2012年，为深入贯彻党的十八大精神，建设服务型党组织，积极培育社会主义核心价值观，国网天津蓟州公司秉承"服务于党和国家的工作大局、服务电力客户、服务发电企业、服务社会发展"的服务宗旨，对"大山里行走的红马甲"青年志愿服务队、共产党员服务队、共产党员突击队进行了整合，统称为"大山里行走的红马甲"志愿服务团队，全面启动"大山里行走的红马甲"团队服务体系建设。

2018年，"大山里行走的红马甲"志愿服务团队成为蓟州一个响亮的服务品牌。为广大客户谋幸福，是国网天津蓟州公司的一个美好愿景，也是所有电网人的初心。初心易得，始终难守；不忘初心，方得始终。国网天津蓟州公司的初心就是对群众的赤子之心，想为群众办实事之心。这个初心和使命同时也是激励"大山里行走的红马甲"志愿服务团队不断前进的根本动力。

2022年，国网天津蓟州公司"大山里行走的红马甲"志愿服务团队走过了14年的风雨历程，从最初的十几人发展到240多位成员，从自发而起到建章立制，从初具规模到方兴未艾。14年来，一批一批的新"马甲"走进了这个行列，他们以爱的名义出发，秉承着优秀的团队作风，建立了优秀的团队文化，抓住人民最关心的问题，夯实民生基础，既尽力而为，又量力而行，一件事情接着一件事情办，一年接着一年干，把人民对美好生活的向往不断转变为现实。

团队精神是指引

伟大领袖毛泽东曾经指出："人是要有一点精神的。"是的，一个时代自然会有一个时代的精神风貌。中华人民共和国成立初期，"自力更生、艰苦创业"的大庆精神，鼓励着一代人发奋图强、艰难创业；"为人民服务、甘于奉献"的雷锋精神，引导着一代人从小事做起，从身边做起，无私奉献、乐于奉献；"独立自主、崇尚科学"的创新精神，激发着一代人向科学进军、永攀高峰，"两弹一星"横空出世。

诚然，作为一个团队，具有精确、恰当、向上的团队精神，才能完美地体现团队的理念、方针和宗旨。"大山里行走的红马甲"志愿服务团队正是有这样精神的一个团队。

树立真抓实干的团队精神

实干就是要强化"敢为"的责任担当。习近平总书记指出，"有多大担当才能干多大事业，尽多大责任才会有多大成就。"在干事中敢不敢作为，体现的是胆识、气魄，诠释的是责任、担当。离开实干，再漂亮的口号也是空中楼阁，再有分量的担当也难以落地生根；不敢作为，遇到问题绕着走、碰到矛盾躲着走，也当然不可能有真正意义上的实干。遇到重大风险挑战、重大工作困难、重大矛盾斗争，不应胆怯惧怕，而应越是艰险越向前，"想为"，更"敢为"。

绿水青山是蓟州发展的基底。蓟北山区山川秀美、林壑幽深，分布着大面积的原始纯油松林，曾是清代皇家园林。绿水青山就是金山银山，蓟州描绘出了生动的一笔。依托绿水青山，近几年蓟州旅游产业迅猛发展，国家首批 5A 级景区的盘山、国家级自然保护区八仙山、国家森林公园九龙山、天津最高峰九山顶、"北方神农架"梨木台等一批景区成为游人休闲度假的首选之地。

国网天津蓟州公司"大山里行走的红马甲"志愿服务团队全面贯彻党的十九届历次全会精神，认真落实蓟州区委、区政府和国网天津市电力公司相关决策部署，真抓实干、稳中求进、重点突破，助力"三地一城"建设，为蓟州区经济社会发展贡献力量。公司全面组织开展线路设备巡视工作，加强通道治理，落实防外破措施，保障可靠稳定供电。做好政府机关单位、高铁、医院等重要用户、高危用户和疫情防控有关用户供电侧设备运维及客户侧服务指导。扎实做好防汛、防山洪、防山火等应急预案，加强配网改造等小型分散现场的安全管理，维护安全生产稳定局面。扎实做好设备巡视及抢修工作，科学安排电网运行方式，确保电力可靠供应。落实落细各项保电措施，全力做好疫情防控重要点位

文化驱动"群体先进"培育——"大山里行走的红马甲"品牌建设实践

"大山里行走的红马甲"志愿服务团队赴九山顶景区开展"网上国网"宣传

保电工作。全力推动青山35千伏输变电等主网工程建设，全面收尾平原地区绝缘化改造工程实施，不断提升蓟州区的供电能力和可靠性。积极协助推进蓟州抽水蓄能电站建设，多元化储能，推动"双碳"落地实施。密切关注经济发展对电力服务的新需求，主动做好丰树国际食品智能制造产业园、国泰人工智能制造产业园等用电配套服务工作。积极对接郭家沟景区升级等区域特色项目，打造全电驱动综合能源典型示范工程，推动地区绿色低碳发展。大力推进乡村电气化，依托行业优势助力乡村振兴取得预期成果。

树立崇德向善的团队精神

"奋发向上、崇德向善"是中华民族发展的宝贵财富，是中华文明发展历史的光辉结晶。奋发向上的精神，促进了社会人文的发展；崇德向善的品德，增进了人类与自然、国与国、人与人之间的和谐发展。"奋发向上、崇德向善"是社会主义核心价值观的重要组成部分，是振兴中华、走向复兴的伟大事业的必要品质。

第三章 团队文化驱动

"大山里行走的红马甲"志愿服务团队帮助大街村建成天津市首座光伏电站

国网天津蓟州公司"大山里行走的红马甲"志愿服务团队充分发挥电力服务全覆盖优势，主动服务天津市蓟州区26个乡镇村民，积极探索"志愿服务＋安全＋绿色＋社会责任"等服务内容，在津沽大地和国网公司形成了广泛影响和示范效应，汇聚成了志愿服务的"青春"暖流。公司常态化实施乡村"电靓行动"，春耕春灌时节排查用户设备隐患，服务到田间地头；夏秋两季组织"义诊农家院，订制连心家"活动，上门开展用电隐患排查和安全用电培训；冬季组织队员核查"煤改电"供暖设备安全隐患，确保服务常态化开展。公司连续5年为困难户安装户厕节能灯和太阳能灯，服务到家暖人心。创新开展乡村增收行动，设立"帮扶助困基金"，为创业困难户提供"小额借款"，扶植庭院养殖及苗木种植等产业；邀请园林专家现场进行技术指导，科技助农，确保经济增收。针对扶贫产业园和困难户农产品滞销难题，公司开展网络直播带货系列活动；针对绿化苗木的销售问题，主动对接大客户，有效拓宽销售渠道。扎实开展乡村关爱行动，启动"一元筑梦贫困学子"活动，设立"山里红助学基金"，长期资助贫困学子。开展广场舞交流、

文化驱动"群体先进"培育——"大山里行走的红马甲"品牌建设实践

书画笔绘、红色电影放映等活动，丰富村民业余生活，起到了聚民心、暖人心的效果。

传承时代楷模精神

"一花独放不是春，万紫千红春满园。"个人的力量是有限的，中国从古至今都讲究"众人拾柴火焰高"，"大山里行走的红马甲"从来都不是单打独斗的团队。

国网天津蓟州公司大力弘扬劳模精神、工匠精神，充分发挥榜样效应，营造匠心文化氛围。深化对标杆人物的学习与宣传，不断激发班组的实践活力。依托班组微课堂等多种形式，深入挖掘故事典型，编写典型读物，将学习"时代楷模"先进事迹和工作实践结合起来、贯通起来，将学习收获转化为干事创业的动力。榜样是看得见的标杆，先进是鲜活的价值引领。近年来，随着中央到地方对先进人物越来越重视，无数群众身边的英雄典范被挖掘出来，有的被授予国家级奖章，有的被地方表彰，这不仅是对他们先进事迹的一种肯定，更是为了更好地激励他人向先进学习，以先进为榜样。"大山里行走的红马甲"志愿服务团队在平凡的岗位上创造了不平凡的业绩，真实地诠释了冲锋在前、攻坚克难、守正创新的精神，为蓟州电网全体员工树立了学习的榜样。

国网天津蓟州公司鼓励广大职工见贤思齐、比学赶超，为劳模先进成长成才"搭台子、铺路子、架梯子"，激发广大干部职工的奋斗激情和创造活力。公司以先进人物带领"大山里行走的红马甲"志愿服务团队，建立"党员＋台区经理"服务模式，积极践行"客户所需、党员所及，让党旗飘扬、让百姓满意、让爱心传递"的庄严承诺，用实际行动诠释着电网人的使命。

先进典型引领带动着广大青年员工增进认知与认同，树立鲜明导向，强化榜样带动，引导青年团队树立正确的理想信念、价值理念。有

第三章　团队文化驱动

根必会长成参天之木，有源则有怀山之水。好的领路人带领着这支山间的红色队伍迎难而上、择难而行、敢于负责、善于作为，同人民一起奋斗，与人民一起前进。10多年来，"大山里行走的红马甲"志愿服务团队共开展志愿服务活动1300余次，从脱贫攻坚的战场转战到乡村振兴的热土，这些青年同志们挺身而出，将个人奋斗的"小目标"融入党和国家建设的"大蓝图"，将汗水挥洒在祖国大地上，成为当之无愧的时代先锋，充分展现了新时代中国青年的精神风貌。

"劳模""标兵""先进典型"是员工群众的杰出代表，劳模精神是引领劳动者积极前进的光辉旗帜。学标兵、赶先进、比奉献，撸起袖子加油干，通过诚实劳动、辛勤劳动、创造性劳动，引导"大山里行走的红马甲"志愿服务团队切实担当起建设具有中国特色国际领先的能源互联网企业的光荣使命。

全国推进乡村振兴的号角已经吹响，生逢其时更当奋斗当时。以先进为标杆，以榜样为旗帜，"大山里行走的红马甲"志愿服务团队认真践行"党建引领脱贫攻坚，筑牢脱贫攻坚与社会责任管理新防线"的重要理念。在脱贫攻坚电网架设现场，他们积极努力沟通，完成高难度施工；在重要运行检修时，他们发挥先锋模范作用。在模范的带领下，在"班组微课堂"的讲学中，在"星火工程"的引领下，员工队伍形成了比、学、赶、超的良好氛围，以服务客户为出发点，聚焦红色基因、金色品牌、绿色发展，在队员心中集聚能量，为蓟州区发展汇聚磅礴力量。

国网天津蓟州公司"大山里行走的红马甲"志愿服务团队不断丰富志愿服务内涵，促进直播带货、乡村关爱等各项志愿服务全面开花，持续扩大志愿服务的影响力。团队大力践行志愿服务精神，以青年之责扬志愿之帆，奋力推进志愿服务事业发展。团队坚持实干实效，注重发挥

文化驱动"群体先进"培育——"大山里行走的红马甲"品牌建设实践

平台作用，主动"走出去"，与各行业、兄弟单位组建志愿服务联盟，注重取长补短、合作共赢，不断提升志愿服务实效。团队的志愿服务脚踏实地、久久为功，且团队不断完善专业化、全面化的志愿服务机制建设，做细做精常态化志愿服务，充分展现新时代电力青年的精神风貌。

国网天津市电力公司"青马工程"第二期学员王大成参加十九届五中全会精神主题宣讲活动

第二节　团队文化的实践载体

优质服务担使命

国网天津蓟州公司坚持以习近平新时代中国特色社会主义思想为指导，努力践行"人民电业为人民"的企业宗旨，大力弘扬时代楷模精神，坚持以政治建设为统领，以坚定理想信念为根基，以提升组织力为重点，以强化队伍建设为保障，加强标准化建设、规范化管理、品牌化传播，全面深化共产党员服务队建设，推进高质量发展。公司在服务人民美好生活需要的实践中发挥先锋作用，履行社会责任，唱响服务品牌，彰显企业价值，当好经济社会发展的"先行官"，架起党同人民群众的"连心桥"，为建设具有卓越竞争力的世界一流能源互联网企业贡献力量。

国网天津蓟州公司现有共产党员服务队4支，4支服务队以专业为依托，实施"一十百千万"行动，规范"两类行动"管理，打造一支真正与百姓心连心的共产党员服务队。

实施"一十百千万"行动。明确"一项工作重点"，结合公司重点工作和专业实际，每个共产党员服务队每年度要明确一项工作重点，实施项目化管理，助力企业改革发展；做出"十条公开承诺"，聚焦专业工作和客户群体关注的问题，每个服务队要公开做出十条承诺，以公开承诺推动责任落实；坚持"百分满意标准"，开展服务客户群众满意度

文化驱动"群体先进"培育——"大山里行走的红马甲"品牌建设实践

回访，以"百分百响应、百分百真诚、百分百努力"的"三百"标准，以优质服务践行"人民电业为人民"的企业宗旨；走访"千家企业客户"，建立走访企业客户计划表，明确走访明细、时间节点，完成供电范围内重点企业用户走访调研全覆盖，了解客户所需所求，帮助其解决用电问题；服务"万户百姓群众"，各共产党员服务队加强与社区、村委会联系，完成供电范围内居民走访工作，坚持"服务队员到、用电宣传到、服务举措到"，使群众看到、知道、得到。

规范"两类行动"管理，即统一行动、履诺行动。结合"七一"等重大节日活动，各共产党员服务队开展统一行动，发挥联合作战优势，形成规模效应，扩大内外部影响。充分发挥服务队践行优质服务承诺、提高供电抢修质效、积极履行社会责任中的支撑保障作用，融入专业力量，常态化开展服务队活动。

做助力"双碳"落地的电力"先行官"

党的十九大报告明确提出："坚持以人民为中心。人民是历史的创造者，是决定党和国家前途命运的根本力量。"习近平总书记在视察国家电网四川共产党员服务队时明确指出，共产党员服务队的工作要常态化、制度化，要成为党和群众的"连心桥"。国家电网公司作为关系国家能源安全和国民经济命脉的国有重点骨干企业，是保障民生的重要力量。国网天津蓟州公司深化共产党员服务队建设，持续提升服务水平，落实以人民为中心的发展思想，满足人民日益增长的美好生活需要，当好电力"先行官"和服务国计民生的"先行者"，彰显央企服务新时代的忠诚担当。

"改成电取暖以后，教室里的温度升高了，同学们上课的环境变好了，老师和同学们充满了幸福感。"泗溜镇敦庄子中学（现合并为涧溜镇中学）的李校长说道。2017年，国网天津蓟州公司以蓟州区的政府、学校为试点，实施"煤改电"工程。"煤改电"一头牵着百姓冷暖，一头连着蓝天白云，既是一项暖心工程、民心工程，又是打赢蓝天保卫战的重要举措。为了有效推进"煤改电"工程，国网天津蓟州公司共产党员服务队逐户摸排"煤改电"供热面积、用电需求，勘察设计电力配套方案，"一户一策"为客户出具电采暖改造方案，推动电采暖项目落地实施。公司建立政企联动机制，组织召开电能替代技术推介会，对碳晶、电锅炉、空气源等电能替代技术进行详细介绍。实施"试点"建设，实现理论与实践相结合，提升客户感知度。

2018年国网天津市电力公司吹响了"1001工程"的集结号，国网天津蓟州公司共产党员服务队立即投入如火如荼的战斗中。275天，563个工程项目，平均每天就要有2个项目竣工，服务队克服了外协困难、施工受阻等难题，昼夜施工，在最危险、最困难的地方，处处都有共产党员服务队冲锋陷阵的身影。服务队队员领衔了22个"煤改电"攻坚小组，定制"上门办电+便捷购电+用电检查"三位一体"惠民服务套餐"，积极与社区、村镇党支部结对共建148次，主动服务，简化流程，提前做好"煤改电"用户优质服务，在供暖期前圆满完成322个村的"煤改电"任务。

"煤改电"工作是落实"双碳"目标的重要举措。实现"双碳"目标需要一场广泛而深刻的变革，需要全社会的共同参与。近年来，生态环境工作的成功经验之一，就是充分凝聚社会共识，打好污染防治攻坚战。我国生态文明建设进入以降碳为重点战略方向的关键时期，要坚持正面引导，从可持续发展、经济转型升级、人与自然和谐共生、构建人类命运共同体四个维度做好宣传，使"'双碳'工作不是别人让我们做，而是我们自己必须要做"的思想深入人心。蓟州区是京津冀的"后花园"，国网天津蓟州公司共产党员服务队充分发挥行业优势，紧紧围绕

文化驱动"群体先进"培育——"大山里行走的红马甲"品牌建设实践

"绿水青山就是金山银山"的理念，开展"低碳大篷车进乡村"活动，倡导简约适度、绿色低碳、文明健康的生活方式，把绿色理念转化为全区百姓的自觉行动。

"谢谢你们帮我清洁家里电器，这以后怎么安全用电、怎么省电我可就都明白了，谢谢你们今天的讲解！"2022年8月11日，在国网天津蓟州公司"低碳大篷车进乡村"活动现场，穿芳峪镇东水厂村村民笑着对蓟州三队共产党员服务队队员说道。为倡导"绿色低碳、节能先行"的理念，国网天津蓟州公司组织"低碳大篷车、点亮振兴路"活动，创新实施"乡村电靓、乡村增收、乡村关爱"三大行动，建立共产党员服务队专业联动机制，深入辖区584个村庄、社区开展节能用电、安全用电宣传200余次，为200余个家庭提出节约用电建议318条，直接惠及群众14 500余人，真正把低碳生活理念送到寻常百姓家。面向大型企业，公司推行"管家式"服务模式，安排党员客户经理开展点对点支撑服务，全程为用户提供专业指导、制订供电方案、进行现场服务检查，着力提升用户的获得感、幸福感。公司面向村镇百姓、孤寡老人等开展优质服务大走访、检查冬季电采暖等各类活动96次，无偿提供400余次用电设备延伸检查，志愿为困难家庭更换节能灯、太阳能灯1000余个。面向孩子，公司通过组织参观光伏发电厂、制作光伏发电模型的方式，带领大山里的孩子们更加具体地感受"双碳"理念，累计开展活动20余次。

用优质服务谱写区域发展的"兴旺曲"

国网天津蓟州公司始终坚持"人民电业为人民"的企业宗旨，把为客户创造价值作为工作的重要着力点，加快构建现代服务体系，全面实施八大服务工程，努力提高为民服务质量和水平。国网天津蓟州公司共产党员服务队是攻坚克难的先锋、优质服务的标杆，体现了国家电网人

第三章　团队文化驱动

"大山里行走的红马甲"志愿服务团队为困难家庭更换节能灯

的精神面貌。深化共产党员服务队建设，对于进一步提升服务能力、改进服务作风、拓展服务内涵，更好地适应新时代新要求，具有重要推动作用。

国网天津蓟州公司共产党员服务队围绕"助产业、惠民生、促双碳"电力服务 30 条举措取得的新成效，聚焦"稳经济、保供电、促发展"9 方面 36 条落实措施新要求，创新服务举措，整合服务资源，延伸服务半径，加强与企业、社区、乡村之间的联系，深化服务队联系点、党员服务"红网格"等载体应用，细化落实惠民便民举措，以实际行动架起党和群众之间的"连心桥"，稳经济、保供电、促发展。

"这是我们的便民服务卡，上面有我们网格员、供电所的电话，您以后用电上遇到什么问题，或者有什么建议，都可以直接打电话找我们。"2022 年 7 月 13 日，蓟州三队共产党员服务队到官庄镇莲花岭村一个多次反映线上购电失败的用户家中进行了现场服务。经过了线上、线下的一系列检查，以及尝试换表等操作，最终锁定问题产生的原因是台区集中器故障，服务队队员们立即更换了故障设备，为客户解决了问

文化驱动"群体先进"培育——"大山里行走的红马甲"品牌建设实践

题。同时，他们向用户宣传了网格化服务新模式，以及线下服务新渠道。

国网天津蓟州公司共产党员服务队深入推进"两网融合"（即电力服务网和社区服务网融合发展），已构建253个服务网格，融入了辖区内近千个村委会、社区服务群，建立了老、弱、病、残、孕客户档案66户，组织设计、印制网格员专属便民服务卡、便民服务贴180 000份，广泛宣传线下服务新渠道。公司确保了实时解决用户提出的用电诉求，及时发布供电服务新举措、停电信息、购电温馨提示等，保证客户的合理诉求实现线下解决。

为落实天津市委、市政府推出的35条稳住经济"一揽子"政策和国家电网推出的8项工作举措，贯彻执行国网天津市电力公司"稳经济、保供电、促发展"9方面36条措施，国网天津蓟州公司多措并举助企纾困，通过不断深化"党建＋优质服务"，构建共产党员服务队"线上＋线下"立体服务模式，实施党员服务队包保片区责任制，通过微信群、预约上门等方式与用电企业建立"一对一"联络机制。公司坚持关口前移、服务前置，组织共产党员服务队与蓟州区经济开发区管委会开展共建活动，建立全天候即时沟通和全链条跟踪服务机制，第一时间掌握重大项目招商引资情况，第一时间安排党员客户经理上门对接客户需求，为客户提供"可视化"项目进度表，让企业"一次都不用跑，拿地就开工，验收即送电"，全面实现"电等项目"。

"太感谢你们了，及时给我们送电，让我们没有后顾之忧，我代表蓟州万达广场向你们表示衷心的感谢。"2021年7月27日，天津市蓟州区万达广场商业有限公司相关负责人来到国网天津蓟州公司，送来一面印有"情系企业、鼎力相助"的锦旗和感谢信，感谢国网天津蓟州公司超前服务，深入了解客户用电需求，简化业务流程，紧密跟踪项目进

第三章　团队文化驱动

度，圆满完成万达广场送电工作。万达广场项目是天津市蓟州区近年来引进的重要商业项目，国网天津蓟州公司高度重视万达广场接电业务，主动对接，超前服务，组织相关专业人员进行现场勘察，提出"供电服务+能效"相关建设方案，优化营商环境。为保证万达广场按项目进度及时送电，蓟州二队共产党员服务队提早着手，主动上门了解用户需求，及时跟进业务流程和现场施工进度，严把验收关。"当时我们身上都湿透了，有雨水也有汗水。"回想起验收送电的那段经历，队员们依然记忆深刻。验收那天恰逢暴雨黄色预警，万达01号土建站2H6断路器按下合闸按钮时，设备没有合闸反应。队员们冒雨来到万达土建站现场查找，核对图纸，在两个小时内快速圆满解决问题，实现顺利合闸。

"大山里行走的红马甲"志愿服务团队为万达广场成功送电，收到客户送来的锦旗

文化驱动"群体先进"培育——"大山里行走的红马甲"品牌建设实践

不断优化、持续向好的营商环境是激发市场活力的原动力。为切实减轻中小微企业负担，国网天津蓟州公司聚焦广大中小微企业用电需求，一方面在流程上做"减法"，压减供电方案答复时间、精简优化办电环节，客户提出报装申请后，优先启动外部工程建设，结合"网上国网"App拓宽移动终端办电服务渠道，提升服务效率；另一方面在服务上做"加法"，推动政企信息融合，面向企业客户开通线下、线上全渠道"一证办电"服务，开展客户经理预约上门服务，现场对接客户需求，收集办电资料，实现客户一次申请、全过程办电无忧，进一步提升小微企业客户"获得电力"的幸福感。

让电力赋能乡村振兴路

国网天津蓟州公司坚决贯彻新时代党的建设总要求，全面落实"中央企业党建质量提升年"部署，深入实施"旗帜领航·三年登高"计划，坚持不懈地加强和改进公司党建工作。深化共产党员服务队建设，有利于加强党的基层组织建设，提升基层党组织的组织力，推进党建工作高质量发展，打造蓟州党建工作品牌；有利于促进党建工作与电网建设、营销服务、科技创新等工作有机融合，在推动公司和电网高质量发展中发挥党员的先锋模范作用，彰显党建工作价值。

"提升电力基础设施，全力服务乡村振兴"是国网天津市电力公司提出的36条举措中的一项重要内容，国网天津蓟州公司充分发挥电力"先行官"作用，紧跟新农村发展用电需求，持续提升农村配电网健康水平和供电可靠性，推动供电服务从"好"到"优"，以"满格电"赋能乡村振兴建设。

"用电不愁了，水能上山了，新嫁接的200多棵文玩核桃树有保障了。"2022年7月6日，国网天津蓟州公司为蓟州区白峪村新建了一条10千伏低压线路，村支书陈超凡兴奋地对工作人员说道。2022年，白峪村在村北山上新建了一个文玩核桃产业园，为确保新嫁接的文玩核桃树成活率，需要及时充足的水利灌溉。国网天津蓟州公司共产党员服务队针对产业园用水用电需求，结合电网规划，组织相关专业人员现场勘察并出具最优供电路径规划方案。为了尽快将电通到果园门口，国网天津蓟州公司提前做好物资和送电前的准备工作。在山上架线，杆坑开挖难度很大，机械车辆无法上山作业，全部采用人工方式挖坑。烈日炎炎下，施工人员抢抓工期，仅用 2 天时间就为白峪村北山新建一条 10 千伏线路，新立 6 基 12 米电线杆，架设 320 米低压绝缘导线，铺设 36 米低压铜缆，及时将电送到了百姓"心田"，保障了产业园区中长期用电需求。"现在有了电，能用水泵抽水，来年我还想再承包 200 亩山林种植核桃。"白峪村村民王永权一边抽水一边高兴地说道。

近年来，蓟州区依托区域优势资源，抓实产业规划布局，形成了"东部高效经济作物区、南部优质蔬菜区、北部旅游观光农业区"三大农业产业片。国网天津蓟州公司组织党员服务队对辖区内的产业园区、种植基地、农家院开展摸底排查，主动帮助群众解决用电问题。公司采取"党员红网格+电力贴身管家"的模式，划分服务队员包保区域，为农户提供定期服务，了解其用电需求，对仓储冷库、水利变台、灌溉设备等电力线路进行地毯式"体检"，当好群众的"电保姆"、守护好群众的"果篮子"，保证果园生产、采摘、保存和销售全流程用电无忧。公司建立"一点响应、多点支撑"的便民服务机制，通过定期走访服务，密切关注用户办电用电需求，结合民宿规模、负荷分配等，为用户提供专业的用能分析和安全用电指导，全力保障景区农家院、民宿安心用电，为乡村旅游产业快速发展创造良好的供电环境。

"你们来得太及时了，正好帮我们检查一下用电设备。这周我们刚恢复营业，预定的客人还挺多，有了电力的保驾护航，我们可以放心地让客人开空调了！"2022 年 6 月 15 日，蓟州区下营镇农家院的负责人高

文化驱动"群体先进"培育——"大山里行走的红马甲"品牌建设实践

升对上门服务的蓟州二队共产党员服务队赞不绝口。电力足,产业兴,农民富。电助农丰、农以电兴、民因电富是蓟州电力人执着不懈的追求。从变压器增容到电力巡检,从电网建设到智慧用电,国网天津蓟州公司共产党员服务队多措并举为乡村振兴注入电力动能,奏响了一曲"电力满格房满员"的动人交响乐。

春天欣赏满山的梨花,夏天体验山美水美的精品民宿,秋天游览红绿交融的十里红色文化长廊,冬天在冰雪乐园亲历一场精彩的亲子大冒险。在天津市蓟州区下营镇,每个季节游客都可以找到乐趣。可是几年前的下营山村还不是这个样子,山里暖得晚、冷得早,满打满算农家院一年有效经营期才六七个月。"最开始,山里农家院是开起来了,但是游客入住率并不理想,大都集中在夏季和周末。"2022年6月份,正忙着接待游客的农家院老板娘王翠华介绍道。

下营镇村里用电负荷波动大、季节性强的特点都被电力大数据记录了下来。早在2019年,国网天津市电力公司就依托天津市能源大数据中心,将电力大数据分析服务应用于社会民生,辅助政府决策,用数据看实际,以数据观发展。"利用电力信息采集系统对电力负荷数据进行采集,我们发现团山子村农家院的用电负荷伴随季节而变化,最高、最低相差近3倍。"国网天津蓟州公司共产党员服务队队员说,"我们发现了当时的团山子村经济发展的薄弱点,预测团山子村经济发展能够在丰富山村周边娱乐设施多样性上下功夫。"正是依托于电力大数据,国网天津蓟州公司对农村电网进行分析研判,2020年8月,公司对山区的电力设备进行了绝缘化改造配套升级。同年,团山子村对旅游设施进行了升级改造,将梨园改造成为以亲子探险为主题的游乐场,吸引了很多的游客,山村经济一下子"火"了,京津冀周边的游客纷至沓来,崭新的电网为经济发展提供了充足的电力保障。

第三章 团队文化驱动

"大山里行走的红马甲"团队为农家院开展安全用电宣传

国网天津蓟州公司共产党员服务队充分发挥电力数据实时性强、准确度高、与生产生活紧密相关的特点，构建乡村振兴电力指数评价体系，从产业、宜居、文教、民生等方面对蓟州区乡村振兴示范村等重点村落发展情况进行分析评估，常态化开展防返贫等专项监测，助力乡村振兴工作不断走深走实，用"大数据"智慧描绘乡村振兴新蓝图。

利民之事，丝发必兴。国网天津蓟州公司将持续坚持党建引领，激发党员服务队作用发挥，扎实推进稳住经济系列举措，认真践行"人民电业为人民"的企业宗旨，全力巩固提升"获得电力"服务水平，用服务擦亮为民底色，以行动践行初心如磐。

文化驱动"群体先进"培育——"大山里行走的红马甲"品牌建设实践

急难险重当先锋

国网天津蓟州公司以改革发展的难点、生产经营的重点、技术前沿的焦点为切入点，充分发挥党员先锋模范作用，为圆满完成急难险重任务，成立党员突击队，为推动公司和电网高质量发展提供坚强的思想保证和组织保障。

国网天津蓟州公司党员突击队在重大工程、重大项目或重要时刻，勇担急难险重任务，临时性抽调专业骨干组成突击队，任务完成后突击队自然解散，锻造出一支关键时刻拉得出、顶得上的电力"铁军"。

做暖心"护航者"

"中考加油，保电有我。"清凉的考场内，同学们奋笔疾书；闷热的考场外，电力人保驾护航。2022年6月18日，国网天津蓟州公司中考保电工作进入正式保障阶段。国网天津蓟州公司主动进位，强化与蓟州区政府、区教育局、考点学校的三级沟通联系机制，提前梳理考点信息。公司成立由运检、营销、各供电供服中心等专业人员组建的党员保电突击队9个，对考点保电工作任务进行责任划区，实地走访14个考点，掌握考点内外部用电情况，编制"一校一案"专项保电方案，从严落实保电组织技术措施和应急供电策略，全面做好各项保电准备工作，打好保电"总体战"。

国网天津蓟州公司在中考前对各考点的电源、电气设备及供电线路进行了"地毯式"巡检，对涉及的12座变电站、37条输配线路逐一确定保电责任人，逐级落实保电责任。针对渔阳中学和燕山中学两个考点无自备应急电源的情况，公司通过调动内部资源和督促用户整改的方式提前完成应急发电机接入工作。为应对考试期间的高温大负荷情况，公司组织开展带电检测两轮次，发现并治理隐患3处，协助用户完成发电机满负荷切带试验和 UPS（不间断电源）切带试验，确保保电工作万无一失，破难而进，打好"攻坚战"。

中考期间，天气闷热，突击队员们合理安排电网运行方式，安排专人实时监测各考点负荷情况。考试期间，组织 155 人对 13 条直供线路、24 条上级电源线开展保电特巡，恢复 12 座直供变电站有人值守，安排 14 组人员进入考点内部驻守，全面确保考试期间安全可靠供电。

兵不解甲，马不卸鞍。从"考场"到"赛场"，国网天津蓟州公司党员突击队以电力人的担当，为冬奥赛场上的运动健儿们"充电"加油。

"我们基地有 2 个冰球训练馆、1 个综合训练馆、1 个速度滑冰馆，基地制冰、保冰的成本非常高。从底层到冰面，每一层都有严格的技术规范要求，确保冰面温度恒定、冰面质量达到奥运会标准，因此对电力的可靠性要求非常高。"天津蓟州冬奥会训练场馆的工作人员说道。天津蓟州国家冰上项目训练基地位于蓟州北部山区黄崖关小平安村，距离北京 100 多公里，环境、气候与北京非常接近，是国家冬季运动队备战冬奥会的最佳训练场馆之一。该训练基地共有 2 个冰球训练馆、1 个综合训练馆、1 个速度滑冰馆，总建筑面积近 5 万平方米，电力设备总容量为 14 500 千伏安，是全国唯一一个涵盖所有奥林匹克冰上运动的综合性训练基地，可为国家队冰上项目集训提供奥运会等级的训练服务保障。

国网天津蓟州公司党员突击队深入调研国家冬奥会训练基地的用电需求，针对蓟州北部山区制订了高效、高可靠性的电网改造提升方案，从线路绝缘化、网架结构等方面不断提升电网水平。同时，充分利用先进技术手段，应用无人机对配电线路开展自主巡检。突击队通过对保电线路进行坐标采集及矫正、云图绘制、自主巡检、数据分析，筛查出线

文化驱动"群体先进"培育——"大山里行走的红马甲"品牌建设实践

路存在的缺陷，优化线路巡视效果，提高线路巡视效率，确保电网安全稳定运行，护航冬奥会训练场馆安全可靠供电。

"为满足冬奥会训练期间各项用电需求，我们对涉及训练场馆供电的 6 座变电站、13 条电力线路，进行全方位、24 小时保电。我们有信心、更有决心保障冬奥会训练场馆的用电安全。"党员突击队队员们坚定地说道。自蓟州国家冰上项目训练基地建成后，突击队共投入保电人员 426 人次、保电车辆 162 车次、发电车 1 辆，为冬奥会训练场馆提供坚强的电力保障。冬奥会期间，国网天津蓟州公司党员突击队对涉及保电的 47 条线路、7 座变电站、26 个重要客户开展保电特巡，架空线路通道，实行全线动态巡视，每 5 公里 1 组、每组 2 人，线路危险点实行现场 24 小时看护，每处 2 人。公司安排专人开展全天候监察性巡视，及时掌握线路运行状态，确保每档线路、每基杆塔巡视到位。

迎着寒风，在根根银线的牵引中，突击队队员们用另一种方式为国家冬奥健儿加油鼓劲儿。自 2017 年以来，国网天津蓟州公司党员突击队累计开展建党百年、冬奥会、中高考等重大保电活动百余次。

做坚强"守护者"

2021 年 6 月 25 日，国网天津蓟州公司党员突击队冒雨开展重点输电线路、变电站内运行情况检查，全力做好"七一"保电、防汛度夏及重要用户电力保障工作，详细检查线路保电工作具体安排、特高压密集通道运维情况，在国家冬季运动专项训练基地，仔细询问了线路运行方式、变压器负载、发电车接入等情况，并提出加强应急保障措施、完善保电方案的要求。

蓟州山区地形明显，受极端天气影响较大，国网天津蓟州公司党员突击队严格落实《国网天津市电力公司 2021 年防汛工作安排》，加强重点线路、设备的巡视巡察及隐患治理工作，开展好常态密集轮巡和恶劣

第三章 团队文化驱动

天气特巡；严肃值班纪律，落实防疫要求，做好一线人员防护措施和备班安排；加强事故应急管理，梳理抢修物资储备情况，完善事故应急抢修预案，针对重点用户制订"一户一案"等详细应对措施，做好舆情管理及用户解释工作。

国网天津蓟州公司党员突击队队员介绍说："针对今年的防汛形势，我们结合平原地区绝缘化改造工程的实施，对闸坝所供电的两条10千伏线路实施了全线绝缘化改造，新增了一路供电电源，并新配备了联络开关，实现了对管理所的双电源供电。同时，对管理所开展多次走访服务，配合管理所电工排查设备缺陷。"

据了解，为了进一步提高供电的可靠性，突击队还将与管理所运转无关的电力负荷切改到其他供电线路，以保障防汛线路安全，并指导闸坝管理所电工进行内部供电线路的倒闸操作培训和应急电源接入演习，提高了电工的专业技能水平。

蓟州是天津市唯一的半山区，有10座大中小型水库、95座塘坝、65条山区洪沟，汛期做好泄水腾库，确保汛限水位，对山区防汛意义重大。国网天津蓟州公司党员突击队针对山区防汛特点，对位于易发山洪、内涝等地质灾害的电力设施，逐点位制定紧急处置操作流程和倒闸互带方式，明确抢修队伍进入路径和时间，强化"预测、预报、预控、预案"管理。同时，突击队与蓟州区防汛指挥部建立信息共享机制，实时掌握水库水位、排水、泄洪、山区泥石流滑坡等信息，以提升应急响应速度，确保山区电网安全运行。

做最美"逆行者"

2022年1月8日，天津市疫情防控指挥部报告津南区确诊两例新冠肺炎阳性病例，1月9日，国网天津蓟州公司第一时间落实相关决策部署，成立党员突击队，多措并举开展疫情防控电力保障。

文化驱动"群体先进"培育——"大山里行走的红马甲"品牌建设实践

2022年1月9日14时起，蓟州区计划在1天内完成79.6万人的核酸检测任务，为确保大规模核酸检测期间蓟州电网整体运行平稳，重点保障区疫情防控指挥部、发热门诊医院、防疫隔离点位、核酸筛查点位等重点民生点位供用电安全，国网天津蓟州公司党员突击队立即开展电网运行方式分析调整，在核酸检测点、发热门诊医院和防疫隔离点位采取最小运行方式，制定故障倒路供电方案，确保发生故障时快速进行负荷切倒，开展通信设备隐患排查，确保防疫期间通信系统零缺陷运行。公司在保电期间做好设备运维工作，加强设备运行监测和带电检测，加强输、配电线路及通道等巡视看护，严防外力破坏；做好应急抢修准备工作，确保发电车保持良好状态，随时准备投入使用；对接乡镇政府及重点保障对象，组织开展用电安全检查及隐患排查工作，及时响应核酸检测点位的服务需求。

新冠肺炎疫情暴发以来，国网天津蓟州公司组建的6支社区防控党员突击队坚守防疫一线，全力协助街道办事处做好社区卡口的值守工作，连续60天对6个无物业社区实施24小时值班值守，确保社区疫情查控全覆盖。公司助力津城迎战"奥密克戎"，累计出动233人次、92车次，对478个核酸检测点开展保电工作，切实守护人民群众的安全。

国网天津蓟州公司始终秉承人民至上、生命至上的理念和"人民电业为人民"的企业宗旨，助力津城疫情防控大局，提供安全可靠的电力保障。

2022年5月11日，国网天津蓟州公司为蓟州区人民医院630千伏安变压器顺利送电，天津市蓟州区城市检测基地顺利地完成送电工作，为蓟州区疫情防控工作再添可靠的电力保障。

自接到蓟州区卫健委关于"新建核酸检测基地快速投入使用"的供电需求。国网天津蓟州公司高度重视，迅速安排突击队队员到现场会同报装用户一起勘查，根据疫情防控特殊项目报装需求，开辟业扩报装绿色通道，采取特事特办、一事一议等措施，在保证用电安全、标准规范的前提下，争分夺秒为核酸检测基地送电。同时利用"网上国网"App线上办电功能，实现办电资料、供电方案全程线上流转和服务跟踪，通过这种无直接接触的办电方式，保证了客户和工作人员的防疫安全。

乡村振兴展风采

"大山里行走的红马甲"志愿服务队现有分队12支，从十几人的志愿小组到241人的志愿队伍，从315个困难村到331个经济薄弱村，团队充分发挥电力服务全覆盖的优势，走街串户，服务百姓，足迹遍布蓟州区26个乡镇、900多个村落，以实际行动践行"请党放心、强国有我"的铮铮誓言。"红马甲"们不仅仅是行走在天津北部的大山里，更是始终心怀"江山就是人民，人民就是江山"的理念，走进了山区百姓的心坎里，被村民们亲切地称为"山里红"。服务队的服务事迹多次获中央电视台、人民日报客户端、新华社客户端、"学习强国"学习平台等主流媒体宣传报道，先后荣获第七批全国学雷锋活动示范点、全国学雷锋"四个100"先进典型等国家级荣誉6项，以及天津市优秀青年志愿服务集体等省部级荣誉6项。

让村民的钱袋子鼓起来

进山送服务，出山带山货，用"阳光存折"存储百姓美好生活的"幸福电能"。自成立以来，服务队一直致力于精准帮助以卖山货为唯一经济来源的偏远山区农户拓宽农产品销路，促使其在实现共同富裕的路上越走越远。

队员们在每月入户抄电表、收电费时发现，一些偏僻的村庄交通不

文化驱动"群体先进"培育——"大山里行走的红马甲"品牌建设实践

便,村里大多只有老人和孩子,农产品没办法卖到大山外,贫穷一直困扰着这些家庭。

"生活就靠卖点儿农货赚点钱,小商贩上门收购价格很低,但是不卖就只能烂着。"桑树庵村的李大爷无奈地对队员们说道。从那时起,一个个鲜艳的"红马甲"翻山越岭,穿行在崎岖的山路上,逐家逐户帮着困难家庭联系销路、代卖山货。后来,每月抄表日演变成了月度带货日,每当回城时,队员们的后座上常常驮带着一整袋山货。就这样,以前滞销的山货源源不断地被销售出去,村民们也看到了希望。

2020年新冠肺炎疫情来袭,一度令村里的山货销售难上加难。困境之下,"红马甲"们开启了天津首家央企直播带货。"伙伴们,我们的直播开始了,看这苹果,又大又圆,特别甜,是绿色无公害的农品。"队员们卖力地说道。第一次直播卖货3个小时,就帮助官场村村民张桂枝卖了4883元,这相当于张桂枝家一年的收入。当队员们把钱递到张桂枝手中时,她几乎不敢相信,不停地感谢道:"我终于可以睡个踏实觉了!"

从分公司小范围的首次直播,到面向公司全体员工的多场直播,队员们通过抖音、快手平台进行网络直播,让员工们直观地了解了农产品的种植环境。

"授人以鱼,不如授人以渔。"队员们将现代销售理念和技术手段传授给果农,帮助他们建立线上微店、审核认证、产品上架,解决后期发货问题,打通长期农产品销售渠道。他们帮扶村里的大爷大妈们开了15个微店,并在卖农品的微信群里进行了推广。

2022年4月队员们去桑树庵村服务,曾受过帮助的李大妈拉住队员的手说:"小伙子,谢谢你!你帮我建立的微店,一个冬天就把夏秋两季的蜂蜜都卖光了,足足赚了1万多元。"

第三章 团队文化驱动

14 年来，从传统卖货到直播带货，再到帮助农户建微店、当"网红"，服务队帮助 386 个困难家庭累计销售 34 类农产品达 5 万余千克，增收 50 余万元。队员们还主动对接政府部门，邀请专业技术人员入户开展技术培训 17 次，设立帮扶助困基金，扶植庭院养殖产业，帮助 15 户困难家庭户年均增收 8 千元。

让村民的生活亮起来

脚下沾有多少泥土，心中就沉淀多少真情。无论村民住得多偏远，无论刮风下雨、白天黑夜，只要村民有需要，队员们都能第一时间到达。从安全用电知识宣传到排查设备隐患，从维修开关到更换线路，队员们成了村民们有求必应的"电保姆"。

"胡大爷，家里的电好使不？"胡建厚是大街村的五保户，每当听到

"大山里行走的红马甲"志愿服务团队开展"618"直播活动

文化驱动"群体先进"培育——"大山里行走的红马甲"品牌建设实践

这句玩笑话时,他总是乐呵呵地回一句"臭小子"。2018年1月25日,胡建厚家里因电力线路老化发生了火灾,火苗把房梁都熏黑了,这让胡建厚对用电心有余悸,连续三天摸黑过日子。服务队听说这件事后,立马组织志愿者赶到他家中查看情况,并马不停蹄地筹集资金,为他整修房屋、改造线路,还为老人在厕所和院子里增加了照明设备。灯泡亮起来的那一刻,老人还在不停地念叨:"这得用多少电呐!""大爷,这是节能灯,比您之前的灯泡还省电呢。"青年志愿者对大爷说道。胡大爷这才舒展了眉头,高兴地向志愿者们竖起了大拇指。

为了能让村民遇到困难时第一时间联系到服务队,服务队创新实施"红网格"服务,10余年来,累计在900多个村制作发放便民服务卡10万余张,为村民定制"上门办电+便捷购电+用电检查"三位一体"惠民服务套餐",免费为900余户困难家庭安装太阳能灯、节能灯。

让孩子们的脸上乐起来

乡村振兴,既要塑形,又要铸魂。孩子是乡村发展的未来,既给予孩子们物质上的帮扶,又给予他们精神上的关爱,是服务队一直以来的坚持。

蓟州大山里,有一些留守儿童。针对这一情况,服务队在单位发起募捐,设立"山里红助学基金",同时启动"一元筑梦贫困学子"活动,联合扶贫产业园等企业,拿出直播带货每份订单中的一元利润,帮助困难学子实现梦想。服务队定期为困难学子送去书包、笔记本等学习用品,帮助经济薄弱村建设暖心公益书屋,捐赠书籍、玩具500余件,并与24名品学兼优的困难学子开展一对一帮扶。

在24名困难学子中有一个叫小杰的孩子,他敏感而羞涩,从不主动说话,第一次参加美育课的时候,他表现得很被动,表情一直紧张而严肃,后来在其他孩子的带领下,他用花和叶子摆出了各种形状,队员

第三章　团队文化驱动

"大山里行走的红马甲"志愿服务团队开展助学活动

们用手机记录下一张张美丽的作品。第二次美育课结束时，队员们拿出印有小杰摆的植物画的帆布包送给小杰时，他的眼睛突然亮了起来，像见到宝贝一样，紧紧地将帆布包抱在胸前，绽放出发自内心的笑容。当服务队队员问他："下次我们再一起创作好不好？"他害羞而坚定地回答："好！"在与队员们的一次次接触中，小杰从一名羞涩的小男孩变成了开朗大男孩，从待人冷漠到主动帮助他人，他的蜕变让队员们更加坚定要将志愿服务工作做大做精。

服务队还为孩子们量身定制了"绿色低碳、乡村之美"研学关爱项目课程。队员们在开学季走进乡村小学，在假期走进帮扶村，通过安全用电课堂、双碳试验、游戏等方式寓教于乐，向孩子们传授安全用电常识；设置绘画、书法、音乐涂鸦等课程，在发现美和创作美的过程中，引导孩子们发掘自己的闪光点和内在价值；将课堂搬到户外，带领孩子们参观供电营业厅、光伏电站、全电民宿，体会清洁能源的便捷性，向孩

文化驱动"群体先进"培育——"大山里行走的红马甲"品牌建设实践

子们宣传绿色低碳理念。

"志合者，不以山海为远。"服务队的关爱也走出了蓟州山区，走向了西部地区。

2020年年初，在与援藏干部聊天的过程中，"大山里行走的红马甲"志愿服务队了解到西藏丁青县由于地处西藏东北部，属高原寒带气候，每年会不同程度地发生干旱、雪灾等自然灾害，且该县交通闭塞、生活条件落后，很多适龄儿童无法享受到好的教育资源和环境。于是，队员们自发为藏区贫困学子捐赠物资，共捐赠学习、生活用品1400余件。

"电力叔叔、阿姨，你们好！感谢你们寄过来的书本，我们一定会好好学习，报效祖国，回馈社会。"2020年6月30日，国网天津蓟州公司收到了来自西藏丁青县丁青镇小学的孩子们寄来的一封信，孩子们用稚嫩的字体和朴实的语言，感谢"大山里行走的红马甲"志愿服务队的叔叔、阿姨们。

赠人玫瑰，手留余香。"大山里行走的红马甲"志愿服务队积极助力乡村振兴，发挥行业优势，在服务他人的同时，服务自己，真正实现在共同富裕的路上"一个都不掉队"。

第三节　团队文化的保障机制

管理机制要统一

为更好地发扬"大山里行走的红马甲"团队志愿精神，国网天津蓟州公司建立了志愿服务日常管理机制，包括培训机制、统一管理"协同制"、志愿服务"七步法"及"三级联动"组织保障等。

国网天津蓟州公司建立了志愿服务培训机制，即通过初级志愿者培训、项目专业培训、全员培训，使志愿者在培训学习的过程中不断提高自身素质，更好地投身到志愿服务中去。针对初级志愿者培训，探索采用"三步式"培养法，即第一步以《中国注册志愿者管理办法》《天津市志愿服务条例》等为依据，制订分公司推进志愿服务"明白纸"，让新队员明白要干什么、该怎么干；第二步依据公司志愿服务项目"二十四节气表"，以"总分总"的方式，即志愿服务情况"总体"介绍、志愿服务项目"个体"介绍、优秀志愿者的先进事迹"总体"讲述，让新队员全面了解分公司的志愿服务活动；第三步通过自愿报名与组织需求相结合的方式，将新队员分配到每个志愿服务项目中，使志愿者优势最大化，并以"老带新"的实践方式，指导新队员快速入门。针对项目专业培训，以能力专业化提升为抓手，结合工作实际开发志愿服务培训相关课程，特别是针对专业性较强的项目，聘请有关方面的专业人员，开展宣传、技术、直播、外联等专业课程培训，为提升志愿者水平、增强能力搭建平台；通过志愿服务案例分享、情景演练，志愿者的服务能力得到进一步提高，助力项目实现有序、高效开展。针对全员培训，围绕志愿服务理念、注意事项等总结编制了志愿服务指导手册，统一志愿服务活动的标识、服装、语言规范、行为规范和流程规范；通过公司主页、微信公众号等线上线下学习形式，组织全员学习《天津市文明行为促进条例》等内容，学以践行，力争使得"大山里行走的红马甲"志愿团队能够透过现象看本质，做到眼睛亮、见事早、行动快；通过深入学习，切实把认识向高处提领，使学习向信仰扎根，将理论向实践转化，不断增强为公司分忧、尽责、奉献的责任感和使命感，深入实际，从实践中学习。

国网天津蓟州公司建立了统一管理"协同制"。在"大山里行走的红马甲"志愿服务队建立过程中，公司明确党委统一领导、党政工团组织协同推进、党团员全面参与的工作机制，由党建部负责各项活动及经费的日常管理，针对13个党支部和团员青年下设12支服务分队，统筹开展共产党员服务队和青年志愿者服务队的各类志愿服务，推动志愿服务工作常态化。在机制建设中，坚持"市公司-分公司-服务队"的纵向驱动和各服务队之间的横向互动，在志愿服务实践中，坚持共性与个性统筹、线上与线下结合，不断完善志愿服务的运行流程。

国网天津蓟州公司总结了志愿服务"七步法"。公司梳理志愿服务活动经验，完善志愿服务的运行流程，形成志愿服务"注册-立项-计划-实施-反馈-总结-评优"七步法，为开展志愿服务提供了基本遵循，确保志愿服务流程系统化、规范化、具体化。

国网天津蓟州公司同时建立"三级联动"组织保障。在"大山里行走的红马甲"直播带货志愿服务过程中，总结形成了"三级联动"组织保障体系。一是服务总队全链条管控：服务总队负责人、财、物全链条管理，负责党团员活动经费的使用审核，评选"志多星"先进典型，设置宣传、技术、直播、外联等培训课程并开展专业化培训。二是服务分队统筹计划：12 支服务分队负责队员招募、"天津志愿服务网"注册和服务时长认证，负责困难户需求把握、"24 节气"计划制订和服务评估改进。三是服务小组精准实施：在每个服务分队设置宣传、技术、直播、外联 4 个服务小组，分别负责直播准备、直播销售、技术支持、运输售后。

服务方法要创新

乡村振兴是关系全面建设社会主义现代化国家的全局性、历史性任务。国网天津蓟州公司深刻领会党中央精神，把服务当成重点工作来做，在机制上求创新，在服务观念上求增强，践行"人民电业为人民"的服务宗旨，建立助力乡村振兴服务机制、直播带货机制。

国网天津蓟州公司把助力乡村振兴作为党史学习教育常态化长效化的重要实践，建立"321"乡村振兴服务机制，全面对接乡村振兴发展需求。公司充分发挥党委统筹、专业协同、支部融入的党建引领作用，第一时间成立乡村振兴领导小组，制订年度乡村振兴工作任务计划，组织召开"电力赋能、振兴乡村"工作启动会，与政府部门签订乡村振兴合作协议。各专业人员协同配合深入调研，精准对接农村生产生活用电需求，制定明确的服务清单。基层党支部充分发挥密切联系群众优势，与村党支部开展结对共建 136 次，加强沟通联动，做好政策宣传，深化延伸服务。"两级书记"挂帅推动：党委书记带队实地调研乡村振兴帮扶村，主动对接属地政府工作要求和帮扶村实际需求，探索"双碳"背景下乡村振兴的实践路径和方式方法，按照"一村一品"的思路，挖掘可持续发展资源，着力打造电气化产品应用示范乡村；驻村书记坚持

文化驱动"群体先进"培育——"大山里行走的红马甲"品牌建设实践

"四同四有"工作法,与村民同吃、同住、同学习、同劳动,工作开展有计划、有部署、有落实、有反馈,推动各项工作有效开展。"一站式服务"暖心聚力:依托党员责任区划分便民服务"红网格",打造电力便民服务站26个,实施"一站式"用电管家服务,常态化开展"上门办电+便捷购电+用电检查"一系列便民服务活动;探索乡村驻点服务模式,调派骨干力量驻点服务农家院、偏远区域,打造"环节少、时间短、服务优"的快速故障抢修服务圈,保证农村居民的安全可靠用电。

在深入开展"直播带货助力乡村振兴"志愿服务活动中,公司逐步建立起直播带货"七步工作法"。一是需求把握:村电工每月入户抄表的同时,了解困难户需求,充分掌握农产品的成熟时间及产量。二是制订"二十四节气"计划:根据农产品成熟时间,排定直播带货的时间、地点,划定直播带货宣传组、技术组、直播组、外联组分工。三是直播准备:宣传组参照网络生鲜平台价格,制定有吸引力的营销方案,在公司内外网预告直播时间、农品类型及价格;技术组做好电源、网络、直播设备安装等各项准备工作;外联组联系快递争取最优配送价格。四是直播销售:直播组利用多平台开展直播,由专人负责管理购物车和微信群订单接龙。五是技术支持:帮助困难户建立线上微店,同时邀请农业技术员现场指导培训。六是运输售后:外联组协助解决快递装货及售后问题。七是评估改进:服务队员交流总结每次志愿服务过程中的不足,同时收集辖区困难户及志愿者的反馈意见,及时改进提升。

在服务过程中,不仅服务对象得到了收获,职工也实现了自我突破。一方面,在服务实践的过程中,职工更加深入地理解了习近平总书记关于乡村振兴、志愿服务等重要讲话精神,坚定了初心与使命,在帮助他人的同时,实现了自我价值,深化了广大员工对企业文化、企业社会责任的认同感;另一方面,通过活动开展、项目策划与宣传等多个方面的实践,提升了团队的专业能力,增强了团队意识,磨炼了职工的意志,实现了职工发展和企业发展的统一。

服务成效要评价

志愿服务工作的成效是衡量新时代文明实践中心建设水平的重要标准,必须以机制创新为牵引,推动志愿服务制度化、常态化,让文明实践中心进一步动起来、活起来、实起来。国网天津蓟州公司高度重视志愿服务建设,通过建立志愿服务反馈机制掀起新时代文明实践志愿热潮,并对志愿服务效果进行总结。一是建立回访机制。每次志愿服务活动结束后,以问卷调查的形式对志愿服务对象进行服务满意度调查,如遇特殊情况,也可采取口头采访、网上问卷调研、电话访谈等形式。通过调查访问了解志愿服务效果,进一步完善需求对接,与志愿服务对象保持经常性联系,准确掌握志愿服务对象的需求,确保志愿服务供给与需求的精准匹配。二是建立内部评价总结机制。在每次志愿活动结束

共产党员服务队为帮扶村开展乡村环境美化活动

文化驱动"群体先进"培育——"大山里行走的红马甲"品牌建设实践

后,志愿服务团队会召开一个简短的内部总结会议,总结经验,改善不足。志愿者之间就自己在本次志愿活动中的心得与感受、不足与进步进行交流与沟通,为今后更好地开展志愿服务活动积累经验。三是建立线上线下协同管理机制。以每次志愿服务为契机,积极搭建线上对接平台,通过微信群、QQ群等媒介了解服务对象的反馈信息;通过调查问卷、定点走访、召开志愿服务座谈会等线下方式保持交流沟通,以确保志愿服务活动的顺利进行。四是建立褒奖激励回馈机制。实施志愿服务星级管理,每参加一次志愿活动获得1星,活动反馈为"非常满意"的额外获得1星,年终测评排名,作为各小组道德模范选拔、评先树优的参考条件。

水不激不扬,人不激不奋。考核评价也是团队发展体制机制的重要组成部分,是团队资源开发管理和使用的前提。国网天津蓟州公司建立健全"大山里行走的红马甲"志愿服务队队员的激励和保障机制,在团队内部建立了以服务时间和服务质量为主要内容的星级认定制度,设置合理的奖惩措施。在同等条件下奖励有服务经历且表现突出者,并作为评先创优的重要条件。对服务中涌现出的模范典型进行评选、表彰、推广。研究制定保障服务活动实施的政策措施,提倡和鼓励服务行为,维护服务队员的正当权益。

考核是"指挥棒",更是"聚力器"。面对"十四五"开局,进入新发展阶段,必须切实发挥好考核"指挥棒"的作用,以考核强定力、促活力、增动力。国网天津蓟州公司推动志愿服务融入中心工作,构建绩效考核评价体系,如建立考核平台,开展多指标绩效考核。

国网天津蓟州公司基层党支部及下属12支志愿服务队,以"岗位学雷锋""红马甲网格"为抓手,积极投身乡村振兴、"双碳"落地等国家重大战略的实践中,展现央企责任担当。公司把贯彻新发展理念、推动高质量发展的实际表现和工作实绩，作为评价党支部的基本依据，积极健全完善"大山里行走的红马甲"志愿服务队培养、使用、评价、激励制度，让志愿服务氛围日益浓厚。

服务好不好，群众说了算。国网天津蓟州公司将以人民为中心的发展思想贯穿考核的始终，深入基层，走进群众，去倾听他们的声音，让群众评判，通过民意调查、实绩评价来考核职工政绩。通过引入群众评价体制，鼓励职工把心思多放在解决群众急难愁盼问题上，激励"大山里行走的红马甲"志愿服务团队努力为群众增福祉、为事业添光彩，不断增强工作动力。

国网天津蓟州公司按照上级党委的总体工作部署，以建立党建工作绩效考核机制为实践途径，积极探索具有企业自身特色——"大山里行走的红马甲"志愿服务新路子，全力推行志愿服务绩效考核评价体系应用，纵向抓好"党建部－党支部－志愿服务队"一体化建设，横向提升党务人员、支部与专业之间的协同攻坚与联合争先，形成了团队服务工作"标准－评价－反馈－改进－提升"的闭环管理。公司对内融合党建与中心工作，对外培育央企"红色名片"，提升品牌形象，确保服务工作接地气、聚人心、出实效、强辐射，实现团队服务工作由专业分割向协同融合、由分散粗放向集约高效转变。

第四章 职工文化聚力

第四章　职工文化聚力

第一节　育人化人的职工文化

职工文化建设是社会主义文化建设的重要组成部分，是企业的灵魂，是企业发展的软实力和核心竞争力所在，也是推动企业发展壮大更基本、更深沉、更持久的力量。中华全国总工会在工会推动社会主义文化大发展大繁荣的指导思想中强调：着力建设以职工为本的先进职工文化，充分调动广大职工参与文化建设的积极性、主动性、创造性，更加自觉、主动地推动社会主义文化大发展大繁荣。

打造职工文化的意义

加强职工文化建设是构建"以人为本"和谐企业的重要途径。企业的主体是职工，企业的发展靠职工，可以说企业的一切都在围绕职工进行，也就是围绕"人"开展。职工文化建设的重要目的就是塑造"人"，满足企业不同层面的职工精神文化需求，最终实现企业和人的和谐发展。因此，工会通过举办文体活动、思想教育、学习交流、劳动竞技、人文关怀等进行职工文化建设，充分彰显职工主体地位，调动职工参与企业改革发展的积极性和主动性，进而营造企业阳光向上的氛围，对于构建"以人为本"的和谐企业意义重大。

加强职工文化建设是塑造优秀企业文化的有效载体。职工文化建设是推动企业文化建设的中坚力量。没有优秀的职工文化，就不可能有优秀的企业文化存在。相对于企业文化这个宏观概念而言，职工文化更加

文化驱动"群体先进"培育——"大山里行走的红马甲"品牌建设实践

贴近群体，更加易于操作，更加富有成效，也更加能凸显出企业文化的内涵和作用。

加强职工文化建设是提升职工整体素质的重要手段。从某种意义上来讲，加强职工文化建设实际上就是加强职工队伍建设。在新的形势下，加强职工文化建设，不仅是满足职工精神需求的需要，也是进一步加强企业自身发展的需要。随着经济的发展和文化的进步，企业对职工的文化知识、业务水平等综合素质的要求越来越高。

国网天津蓟州公司着力打造基于"健康人生""学习成长""建功立业"三大工程的职工文化建设，大力弘扬劳模精神、劳动精神、工匠精神，努力打造健康文明、昂扬向上、全员参与的职工文化，团结动员广大职工以优异成绩迎接党的二十大胜利召开。

职工文化的发展现状

公司注重宣传导向以提升职工思想政治引领力。首先，坚持正确的政治方向。国网天津蓟州公司全面贯彻落实国网天津市电力公司党委《关于加强和改进新时代职工队伍思想政治工作的实施意见》，组织开展庆祝中国共产党成立100周年职工文化系列活动，利用健康文明、昂扬向上的文化活动和文化作品，团结引领广大职工听党话、跟党走。其次，引导职工践行公司企业文化。公司发挥职工文化宣传阵地作用，开展"班组微讲堂"等职工喜闻乐见的活动，创作数十首弘扬企业精神的职工原创歌曲，引导职工践行企业精神，增强广大职工对公司战略和价值理念的情感认同和行动自觉。最后，大力弘扬劳模精神、劳动精神、工匠精神。公司评选表彰先进工作者、先进集体、先进班组，引导广大职工向先进模范学精神、学作风、学品质、学技能，涌现出了"大山里行走的红马甲"志愿服务队、苏朝阳等多名先进典型，形成个体先进向群体先进拓展升级的生动局面。

公司注重应时合势以提升职工文艺作品创造力。公司建设了一支高素质职工文艺人才队伍，将职工吸引和聚集起来，厚植文艺创作的群众基础，为文艺爱好者施展才华创造条件；通过创作培训、作品赏析、荣誉激励、宣传推荐等形式，培养德艺双馨的职工文艺人才队伍；打造职工文艺繁荣兴盛"百花园"，围绕庆祝中国共产党成立100周年等党和国家重大活动，聚焦特高压建设、重点工程、脱贫攻坚、先进典型宣传等公司重点工作，开展职工文学重点选题作品立项工作，2016年以来共完成20多个作品；彰显职工文艺作品的多元化创造价值，以"我和祖国共奋进"为主题举办了庆祝新中国成立70周年主题歌会，广泛开展小型化、多样化的歌曲展演近10场，展示了职工奋发向上的精神面貌。

公司注重全员覆盖以提升职工文化活动吸引力。为推动职工文化活动繁荣发展，公司提供"菜单式""订单式"文化服务，开展展映、展播、展演、展览系列活动以及品读鉴赏传唱、书画摄影比赛、诵读征文等文化活动，让活动热在基层、亮在基层。为提高职工的身体素质、倡导健康文明的生活方式，公司普及健步走、广播操、球类等健身项目，并利用"S365"职工运动健康平台扩大覆盖面、提高针对性，通过体育活动激发职工拼搏精神、培养阳光心态、提高身体素质。公司广泛开展职工文化志愿服务，利用业余时间为文艺创作、体育比赛、"送文化"慰问等活动提供志愿服务，推动形成互帮互爱、积极向上的职工文化志愿服务氛围，形成职工志愿服务长效机制。

公司注重普惠共享以提升职工文化服务保障力。公司不断提升职工文体活动场所管理和服务水平，建立了布局合理、覆盖广泛、资源集成、服务共享的职工文体活动场所，并完善内部管理制度，合理安排开放时间，提高场所综合利用率，实现文体活动场所智慧管理和服务。提

文化驱动"群体先进"培育——"大山里行走的红马甲"品牌建设实践

升职工文化工作室建设水平，推动职工文化工作室规范化建设，发挥职工文化工作室辐射带动作用，将更多的职工文艺骨干和爱好者吸引进来，把职工文化工作室打造成为培育职工文化人才、推出职工文化成果的基地。增强职工书屋综合效能，逐年提高职工借阅率，提升职工书屋综合化、数字化、便利化水平，为职工阅读学习提供服务保障。大力开展职工文化帮扶，"送文化到基层"，结对帮扶困难村，促进职工文化协同发展。加大文化帮扶力度，推进职工文化阵地、班组文化角等基础设施建设，保障一线职工文化权益。

公司注重品牌打造以提升职工文化传播能力。公司不断完善"津彩蓟电""书香国网"微信订阅号，不断增强职工文化宣传的覆盖面，加大职工文化网络传播力度，引导各级工会和广大职工运用外部社交媒体，促进职工文化成果多渠道传输、多终端推送。推动职工文化品牌化发展，做实叫响"蓟电好声音""蓟网印吧"等职工文化活动品牌，做

蓟州公司职工在职工书屋中的阅读场景

优做精"蓟电家园"工会组织，拓宽活动载体和表现形式，为职工提供更全面、更便捷的文化服务。

职工文化建设的展望

为贯彻习近平总书记关于"打造健康文明、昂扬向上、全员参与的职工文化"的重要指示，国网天津蓟州公司大力弘扬劳模精神、劳动精神、工匠精神，努力打造健康文明、昂扬向上、全员参与的职工文化，勇于创新"工"字系列职工文化特色品牌，团结动员广大职工以优异成绩迎接党的二十大胜利召开。"事以人聚、业以才兴"，国网天津蓟州公司各项成绩的取得与长期以来重视加强职工的人文关怀、提升职工生活品质、充分调动职工干事创业的热情和积极性密不可分。党的十八大以来，国网天津蓟州公司结合实际，科学谋划，做好顶层设计，主动进位。自2018年起，天津蓟州区电网规模实现了跨越式发展，三年内在蓟州区规划投资了70多亿元，共计700多项工程。国网天津蓟州公司始终坚持以职工为中心，竭诚服务广大职工群众，搭建并实施"三大工程"体系，提升职工荣誉感、强化职工获得感、增强职工归属感。公司在改善职工的生产生活条件、关心关爱职工、为职工提供服务方面做了许多基础工作，取得了一定的成效，打造了一支秉承着"奉献、友爱、互助进步"精神的"大山里行走的红马甲"志愿服务队，培养了国家电网有限公司十佳"供电服务之星"及"全国向上向善好青年"等，铸就了一支不畏艰险、迎难而上的蓟电"铁军"。

文化驱动"群体先进"培育——"大山里行走的红马甲"品牌建设实践

国家电网有限公司十佳"供电服务之星"苏朝阳

第二节 全面全员的职工文化

优秀的职工文化顶层设计能够激发个体发展动力，展现职工队伍的崭新风貌。国网天津蓟州公司紧紧把握住"员工"这个发展核心，坚持把提升职工队伍素质作为一项战略任务，着力关注员工的切实需要，从员工的身心健康、学习成长、建功实践三方面出发，丰富职工文化生活，在提升职工身心素质、实现职工价值追求、展现职工精神风貌方面改进服务能力，激励引导广大职工在企业发展和个人成长中升华人生价值。同时使职工感受到企业的关怀，维系职工与企业和谐稳定的关系，增强了职工的主人翁意识。

关爱职工健康的举措

广大职工要想干事创业，必须要有健康的体魄和昂扬向上的精气神。国网天津蓟州公司通过持续关注职工的身体和心理健康，帮助和引导广大职工养成科学健康的生活方式，努力为职工锻炼体魄创造机会、提供舞台，打造良好的工作、生活环境，让职工更加心无旁骛干工作、精力旺盛谋发展。

护航职工身心健康

为提高职工健身意识、增强职工体质，国网天津蓟州公司专门成立了足球、篮球、羽毛球、乒乓球、太极拳、瑜伽6个俱乐部，为大家提供活动场地及师资指导，每一位员工都可根据个人爱好和实际情况选择报名参加，公司提倡每位员工至少培养一项终身坚持的体育运动项目，促使其养成终身锻炼的良好习惯。公司同蓟州区内其他单位联合开展足球、篮球、羽毛球等职工文化体育比赛活动，让队员们在赛场上切磋进步，尽享运动的酣畅淋漓。公司每年组织一次趣味运动会，按年龄段划分各比赛项目，让所有职工都能体验到体育活动带来的乐趣。公司开发"S365"职工运动App，不断提高职工运动参与率，增强职工身心素质。公司还持续关注职工身体及心理健康，定期开展健康体检，建立职工健康档案，邀请医生、学者开设健康讲座，加强职工常见病的防治，帮助培养健康的工作、生活习惯。公司不仅密切关注职工的心理健康，梳理不同层次职工内在精神需求和心理状况，邀请心理学专家线上为职工进行情绪与压力检测、提供心理咨询线上服务等，而且关注疫情形势下职工心理健康，改善职工心理感受，提升企业管理效能。

文化驱动"群体先进"培育——"大山里行走的红马甲"品牌建设实践

保障职工生活安康

只有切实保障职工生活安康，才能让他们心无旁骛干工作，助力企业的改革与发展。公司关注职工各项诉求，构建以"三卡两志"为核心的诉求全过程管控模型，建立诉求预备机制，畅通诉求表达渠道，健全组织保障机制，完善诉求管理流程，强化诉求管控分析。公司充分发挥工会组织联系职工的桥梁和纽带作用，坚持职工困难无小事，树立"职工有所呼，企业有所应；职工有所求，企业有所助"的诉求管理工作理念，以"一片心、一沓卡、一张网、一个家"为抓手，全力服务职工，让职工切实感受到企业的温暖可信、安全可靠。公司优化诉求收集立体网络，丰富诉求服务载体，开通电话服务热线，建立调查表、服务卡、信息卡、座谈日、接待日、咨询日、面对面约谈等交流方式，运用"互联网+"思维，通过微信、QQ、邮箱等沟通载体，形成诉求方式多样

疫情期间为封闭坚守岗位职工开展缓解压力讲座

化、诉求答复人性化、诉求办理程序化的职工服务平台，对职工诉求进行征集、受理、跟踪、反馈，确保职工诉求件件有着落、事事有回音。公司开展职工诉求大数据分析，从年龄段、工作岗位、性别等多个维度分析职工诉求的重点及产生原因，并根据诉求情况分析，得出公司诉求变化趋势，更为精准地为职工做好服务。

公司通过开展"浪漫七夕、电力情缘"职工交友联谊活动，为单身职工相识、相恋提供更广阔的空间、更便捷的渠道，提升职工幸福感。通过举办"关爱成长、和美家庭、筑梦高考"活动，让职工子女"传经送宝"，分享备考心路历程，在增进职工间情谊的同时，解决了"毕业班"职工家属的后顾之忧。通过开展"巾帼心向党、建功新时代"主题系列活动，诠释了供电女职工的勇敢与奋进精神。

提升职工生活品质

国网天津蓟州公司坚持"三必贺、四必访"，即职工生日、结婚、生育"必贺"；职工生病住院、退休离岗、家庭困难时"必访"，职工家庭矛盾、思想波动、心理负担较重时"必访"，长期驻外职工、援派干部、劳模先进等"必访"，因公殉职的职工家属或因公致残的职工"必访"。通过这些关爱措施，职工切身感受到了"娘家人"的用心、用情，也进一步激发广大职工热爱企业、热爱生活、热爱工作。

国网天津蓟州公司坚持"冬送温暖、夏送清凉、平时送帮助"，深入基层、深入一线，慰问工程建设、抢修现场、节假日坚守一线岗位的员工，送温暖到岗位。在应对防疫、防汛、抢险保供电等急难险重工作时，公司及时慰问基层员工，督促加强劳动保护和安全防护，关心职工生活和身体健康，使广大职工以良好的身心状态完成艰巨的工作任务。在疫情防控期间，公司定期为全体职工发放口罩、消毒液等防护用品，敦促"大山里行走的红马甲"志愿服务队队员做好个人防护。在夏季，

文化驱动"群体先进"培育——"大山里行走的红马甲"品牌建设实践

公司在生产建设现场配备防暑降温物品，完善防暑降温措施，实行避高温措施，减轻劳动强度，严防职工高温中暑。

  国网天津蓟州公司坚持为职工办实事，每年都会组织调研新入职员工在住宿、生活、文化活动等方面的需求，有针对性地对职工宿舍生活条件进行改造提升，并配备健身器材。公司依托"五小"供电所建设，更新和调整各基层供电所"小公寓"中的床上用品、衣柜；为"小浴室"添置洗衣机、热水器、更衣柜；为"小食堂"增配抽油烟机、消毒柜、冰箱，全面提升基层职工就餐硬件条件；对各基层供电所"小书屋"进行再升级，引导职工形成爱读书、读好书的习惯；鼓励基层供电所利用现有土地资源，开辟出职工自给自足的"小菜园"。通过"五小"供电所建设，各基层供电所内员工的学习、生活、工作环境得到显著改善，员工的获得感、归属感和幸福感明显提升，也提高了职工扎根基层

基层供电服务中心职工"小家"活动场地

的主动性和积极性。

打好职工成长的地基

推动国网战略落地，建功企业发展，不仅需要想干事的职工队伍，更需要职工具有能干事、干成事的本领。国网天津蓟州公司一直在持续深化产业工人队伍建设，不断满足职工成长成才需求，增强广大职工业务能力、技能本领，用优秀文化培养优良作风，用全方位的培养模式塑造过硬的职工队伍，聚力打造知识型、技能型的新型产业工人，实现职工与企业的共同发展。

增强职工思想原动力

提升职工政治素质，切实加强党性教育。公司构建了"线上＋线下"宣传教育阵地，搭建了宣传教育平台，开展习近平新时代中国特色社会主义思想以及党史、新中国史、改革开放史、社会主义发展史教育，强化全体职工对党的基本理论、基本路线、基本方略的政治认同、思想认同、情感认同，增强"四个意识"、坚定"四个自信"、做到"两个维护"。公司加强职工思想动态调研，研究解决队伍建设中存在的问题，引导干部职工始终保持奋发有为的精神状态，推动企业持续健康发展。公司还加强"大山里行走的红马甲"志愿服务队建设，通过积极探索"志愿服务＋安全＋绿色＋社会责任"服务模式，在辖区内开展各项志愿服务活动，以实际行动助力乡村振兴，引导广大党员和职工践行为民服务的宗旨，不断增强团队的团结力和战斗力，以党员先锋模范作用引领带动职工能力素质的提升，升华全体职工爱党、爱国、爱社会主义、爱企业的深厚感情。

提升职工道德素质，推进价值观宣传教育。公司深化"蓟电有我"

文化驱动"群体先进"培育——"大山里行走的红马甲"品牌建设实践

主题宣传，教育干部职工端正价值追求，加强道德修养，弘扬正气，坚守正道，增强职工对企业的认同感和责任感。公司组织学习劳模先进事迹，深入宣传国网公司在履行社会责任、促进经济社会发展中做出的突出贡献，展示国网职工精神风貌。坚持典型示范引领，让榜样人物、先进经验走上讲堂，充分凝聚起广大职工干事创业的参与热情。持续深化卓越实践，开展"践行核心价值观，争做最美国网人"岗位实践活动，大力弘扬"努力超越、追求卓越"的企业精神，选树一批最美国网人，推进社会主义核心价值观和公司基本价值理念内化于心、外化于行。依托职工大讲堂、班组微讲堂等活动，公司持续推进社会公德、职业道德、家庭美德、个人品德建设，自觉恪守国网天津蓟州公司职工守则、基本礼仪规范和道德规范，强化规则意识，弘扬公序良俗，形成修身律己、崇德向善、礼让宽容的道德风尚。在班组微讲堂基础上，"大山里行走的红马甲"青年宣讲团不断丰富微讲堂内容，组织开展"道德讲堂"、微型党课系列讲述活动，先后举办了党员关爱留守儿童、"老、

开设"道德讲堂"进行传统文化浸润

中、青"三代党员初心故事文化讲述等活动，实现党建工作水平和职工队伍整体素质的提升。在社会主义核心价值观与国网公司企业文化核心价值观的指引下，每个蓟州电网人都拥有一份尽责进取的坚定操守，一种对事业执着追求的忠诚信念，立足自己的岗位，将"爱国、敬业、诚信、友善"落实到实际行动中。

提升职工法治素质，加强法治宣传教育。法律是社会的最高行为准则，遵纪守法是公民的基本义务，在工作和生活中都应该筑牢法律意识，树立正确的法治观念，依法约束自己的言行。国网天津蓟州公司始终把法律法规作为各级各类培训班的必修课，采取讲座、专门学习和专题讨论、法制影视展播、以案说法等形式多样、生动活泼的方法，提高学习的实际效果，大力弘扬社会主义法治理念和法治精神，提高职工的法治思维和依法办事能力，教育引导职工学法、知法、懂法，养成遵法、守法、用法的良好习惯，自觉做到心中有法、行为有度。公司强化制度刚性约束，坚守法律红线和政策底线，依托支部书记廉洁大讲堂，围绕违反中央八项规定、滥用小微权力典型案例教育广大干部、职工提高政治站位，树立正确的世界观、人生观、价值观、权力观、利益观，切实提高广大职工在是非面前的辨别能力，筑牢红线意识。公司加强通用制度学习、宣传并贯彻实行，通过专项培训、考试等方式，将管理职责和工作要求传递到基层一线，引导干部职工严格按制度履责、按规矩办事。

增强职工创新驱动力

"创新是一个民族进步的灵魂，是一个国家兴旺发达的不竭动力，也是中华民族最深沉的民族禀赋。在激烈的国际竞争中，唯创新者进，唯创新者强，唯创新者胜。"这是习近平总书记在欧美同学会成立100周年庆祝大会上的讲话。国网天津蓟州公司以持续创新增强动力，以全

文化驱动"群体先进"培育——"大山里行走的红马甲"品牌建设实践

员创新激发活力，以全面创新提升核心竞争力，尊重职工首创精神，激发职工创造热情，发挥全体职工创新主体作用，团结动员广大职工立足岗位、创新创效、解放思想、敢为人先，将职工技术创新工作贯穿于公司生产建设经营活动的各个方面。

公司成立创新工作室，为职工搭建创新平台。为了进一步落实"双创"精神，坚持实际、实用、实效，优化创新环境及场地，国网天津蓟州公司成立了营销方向的"盘峰"创新工作室、运检方向的"星火"创新工作室，以及"张军生"劳模创新工作室，充分发挥辐射带动和示范引领作用，激励广大职工开展职工技术创新工作。公司创新工作方式方法，加快职工技术创新成果转化，大力推进职工技术创新成果评选、孵化、推广、应用，凝聚激励广大职工立足岗位、钻研技术、踊跃创新，致力于把劳模创新工作室打造成锻炼人、教育人、培养人、提升职工队伍整体素质的重要基地，大力弘扬爱岗敬业、争创一流、艰苦奋斗、勇

"星火"创新团队进行头脑风暴

第四章　职工文化聚力

于创新、淡泊名利、甘于奉献的劳模精神，全面彰显国网公司核心价值观的深刻内涵和企业精神的强大力量。通过劳模创新工作室的建设，公司将职工技术创新活动从单一型向综合型转变、从任务型向素质型转变、从粗放型管理向精细化管理转变，从"出成果"向"出人才、出文化、出成果、出效益、出品牌"转变，充分发挥劳模创新工作室的集聚效应、辐射效应、品牌效应。

公司加强职工技术创新交流，以推进"党建＋科技创新"工程形式。公司创新党组织活动载体和工作方式，搭建产学研联合平台，邀请高级知识产权师对职工进行专利知识系统培训，切实提高广大职工的法治意识，为广大青年职工进行专利技术创新提供思路，助力国网天津蓟州公司高质量发展和知识产权强企建设。公司组织开展职工创新成果展，通过展示与分享国网天津蓟州公司创新工作室历年获得的主要成果，激发职工的创新灵感和创新热情。同时，国网天津蓟州公司充分发挥党员的"传帮带"作用，邀请公司创新骨干分享专利撰写心得及创新体会，从创新的内涵、发明的内涵两方面指导青年职工寻找专利的创新点，对青年职工撰写专利普遍遇到的问题给予精练明确的解答。经验丰富的老师傅们结合自身的工作经验与青年职工分享自己多年的实践心得，鼓励大家善于观察、善于思考、善于总结。公司突破思想阻碍，聚焦发展难点痛点，开展针对性科研攻关，营造全新向上的科创氛围。

国网天津蓟州公司工会作为党联系职工群众的桥梁和纽带，充分发挥引导和推动作用，将职工技术创新工作与劳模的选树培养、班组建设、合理化建议等工作有机结合，把职工响应度、参与度和活动覆盖面作为衡量群众性创新工作成效的重要标志，最大限度地把职工的积极性和创造性凝聚到岗位创新上来，激发广大职工创新热情，打造群众工作品牌。

文化驱动"群体先进"培育——"大山里行走的红马甲"品牌建设实践

增强职工文化牵引力

繁荣职工文化生活，加强职工书屋建设。公司通过加强软硬件设施建设和服务优化，方便职工图书借阅，不断提升职工书屋的综合利用率。公司全面推广应用"书香国网"——国家电网公司职工数字阅读平台，实现数字阅读平台内网全覆盖，为广大职工提供便捷、高效的立体化阅读体验和全方位文化服务。公司建设职工文体活动中心，从搭建多类兴趣平台入手，促进职工养成良好的兴趣爱好，职工们在业余时间可以在文体活动基地打球健身，强健体魄。为了丰富职工的业余生活，公司开展篆刻、棋牌比赛、香囊制作等丰富多彩、健康有益、职工喜闻乐见的文化活动，培养职工积极健康的兴趣爱好，提升他们的文化素养，增强干事创业的精气神。为了提升职工文化活动的凝聚力和吸引力，公司不断加强文化阵地建设，推动文化活动进基层、进一线。公司加强"智慧"工会建设，使用"津电之家""爱如电""知工"App等网络工会服务平台，搭建职工"线上家园"。

以志愿爱心服务为载体，深化职工文化内涵。"志愿服务是社会文明进步的重要标志，是广大志愿者奉献爱心的重要渠道。要为志愿服务搭建更多平台，更好发挥志愿服务在社会治理中的积极作用。"这是习近平总书记在京津冀三省市考察并主持召开京津冀协同发展座谈会上的讲话。国网天津蓟州公司以实际行动贯彻落实习近平总书记的讲话精神，大力弘扬社会主义核心价值观，引导广大职工积极践行奉献、友爱、互助、进步的志愿精神，让志愿行动蔚然成风。近年来，公司志愿服务队开展的安全用电宣传活动在辖区内遍地开花，职工们以通俗易懂的语言，采用现场模拟示范、有奖问答、发放安全用电宣传册等方式，向辖区内广大居民普及安全用电小常识，解答居民各类用电疑惑，倡导大家科学用电、安全用电、节约用电，切实提高了居民的安全用电意识，保障了人民群众的生命安全。依托专业技能与设备优势，在节假日旅游小高峰到来之前，以"大山里行走的红马甲"志愿服务队为引领的各党员服务队，持续深化走访服务活动，结合党员责任区划分与党员服务"红网格"，对辖区内农家院、民宿、景区的用电现状开展摸底排查，了解用户需求并及时解决问题，全力保障安全用电，切实发挥党员服务队的"连心桥"作用。公司与社区联创共建，党员服务队队员们自带清洁工具，集中力量清扫路面、墙角边的杂物，清除墙面、电线杆上的小广告等，以实际行动大力弘扬志愿服务精神，助力蓟州区创建天津市文明城区、国家卫生区的"双创"工作。近年来，公司党员服务队牢记党中央的殷切嘱托，恪守"有呼必应、有难必帮"的庄严承诺，在为民服务中不断提升供电服务的温度，形成了有特点、有传承、有故事的"大山里行走的红马甲"志愿服务特色品牌。

增强职工技能支持力

随着技术的不断发展以及新设备的不断引进，增强职工的专业技能对于提升工作质量和效率，让企业在日益激烈的市场竞争环境中脱颖而出有着至关重要的作用。近年来，国网天津蓟州公司在培训政策上不断向一线职工倾斜，在培养方式上不断总结创新，逐步形成了一套独具特色的技能人才培养机制。公司每年都要组织开展以提升一线职工的专业知识、技能水平和综合素质为目的的职工技能培训，重点就国网公司对职工队伍建设的最新要求、生产管理的先进经验、电网运行的新技术新技能等内容进行培训，采取课堂面授、双向交流、实操演练、参观考察等方式开展培训，促使职工开阔视野，提升技术技能水平，增强适岗能力。公司推广并改进"班组微讲堂"授课形式，充分发挥广大职工的业务专长和技术优势，开展"传帮带"活动，实现"班组微讲堂"与日常培训、现场工作的有机结合，激发职工学习的积极性和主动性，改变过

文化驱动"群体先进"培育——"大山里行走的红马甲"品牌建设实践

去"一人讲、多人听"灌输式的学习方式，形成"人人讲、大家谈"的互动模式，提升授课质量，进一步提升了职工的专业技能、表达能力和文化修养。公司组织开展优秀课程观摩交流，促进职工互学互助、共同成长；积极组织技术切磋、业务交流等活动，以"互联网+班组微讲堂"的形式，打破时间和空间上的约束，让职工利用碎片化时间学习，助推创新骨干快速成长，为公司科技创新发展提供有力保障。公司以线上专业技能交流分享会的形式，为职工拓展学习更多的专业知识提供机会，并推进新形势下各专业班组建设，促进青年职工技能提升，打造良好的"比学赶帮超"技术学习氛围，造就一支具有一流职业素养、一流业务技能、一流工作作风和一流岗位业绩的职工队伍。

公司以提升班组长能力素质为根本，以问题为导向，紧密结合工作实际，采用案例教学、情景教学、交流研讨、互动培训等方式，引导学员主动参与培训，力争将班组长培养成为具有一流职业素养、一流业务技能、一流工作作风、一流岗位业绩的优秀管理者。公司持续关注青年职工的成长成才，搭建青年职工成长成才平台，在公司内开设"青马班"，邀请各大高校学者授课，依托师带徒机制，促进青年职工理论素养、实践能力、创新能力等各方面综合能力的提升。同时，公司在推动企业文化和职工文化"落地"过程中，注重激发广大职工的聪明才智和创业热情，号召全体职工以劳模先进为榜样，爱岗敬业、创新进取，大力弘扬劳模精神、劳动精神、工匠精神、"大山里行走的红马甲"志愿服务精神，努力做感恩、忠诚、争先的新时代电网人。

建功实践中的平台搭建

国网天津蓟州公司聚焦公司中心任务，注重激发职工主人翁意识，大力发扬"推土机"精神，通过组织劳动竞赛、合理化建议征集、先进典型选树等多项活动，引导广大职工立足工作岗位、拼搏奉献，为企业发展建言献策，形成齐心协力建功发展的生动局面。

建强竞赛建功平台

国网天津蓟州公司充分发挥工会组织在团结带领广大职工建功发展方面的积极作用，探索性开展了劳动竞赛指标评估体系研究与实践应用，从竞赛策划启动到中期推动，再到第三阶段冲刺、评比表彰，全过程实行指标评估考量，实时调整竞赛内容、评比重心，让竞赛发挥出更大、更加务实的作用，带动竞赛所涉工作的价值提升。为充分调动一线职工工作积极性，合力提升设备本质安全与服务质量，进而发挥典型示范引领作用，引导广大职工对标先进、见贤思齐，不断提升青年职工专业技能水平，国网天津蓟州公司以专业划分开展数字化转型、带电检测、综合能源等方面的劳动竞赛，通过在赛场上比理论、比技术、比讲评选树，宣传竞赛中涌现的"劳动明星"，激励广大职工崇尚先进，营造出了学习先进、争当先进的浓厚氛围。公司培育典型，树立榜样，带动广大职工形成情感认同与行为自觉，进一步统一思想、凝聚力量，形成职工文化，凝练企业精神，创建与国际领先企业相匹配的强大文化软实力，为企业发展注入新动能。

搭建建言献策平台

国网天津蓟州公司内各部室、供电服务中心、一线班组因为工作分工不同，所面对的工作对象不同，因此思考问题的角度、解决问题的思路各有不同。为广泛征集职工对于公司发展的意见建议，吸纳民智民计，国网天津蓟州公司充分借助"互联网＋工会业务"平台，运用信息化技术，做到网上、网下相互促进、有机融合，拓宽职工建言献策的途径。在常规合理化建议征集活动的基础上，公司围绕新时期发展变革管理中遇到的新形势、新情况，以及日常工作中的棘手问题，搭建了以支部为最小单元的合理化建议收集平台，通过开展"我为公司战略添精彩"等主题活动，组织支部成员开展座谈交流，围绕助力公司改革发展、推动公司战略目标落地实施等内容，谈心得、谈体会、谈感悟、谈想法，激励成员围绕体制机制、电网建设、安全生产、经营管理、科技进步、优质服务、企业文化、依法治企等方面积极建言献策。公司广泛征集各基层职工在工作过程中提出的合理化建议，营造人人关心企业、人人参与管理、人人献计献策的良好氛围。

构建民主管理平台

加强职工民主管理是中国特色现代国有企业制度的重要内容，对推动企业科学发展具有重要作用。国网天津蓟州公司高度重视职工民主管理工作，把全面加强民主管理作为加快建设具有中国特色国际领先的能源互联网企业的重要保障。公司坚持每年定期召开职工代表大会，集思广益、凝聚共识，加强上下联动和职代会质量评估，依法保障职工民主权利，维护职工合法权益，努力建立规范有序、公正合理、互利共赢、和谐稳定的劳动关系，推动企业科学发展。公司加强厂务公开，通过职工代表大会、厂务公开栏等多种形式将企业重大决策、生产经营管理中的重要问题、涉及职工切身利益的问题以及与企业领导班子建设和党风廉政建设密切相关的问题，向广大职工公开，保障职工的知情权、参与权、表达权和监督权。公司深化班组自主管理，引导班组职工立足岗位，优化个人发展愿景，将个人愿景与国网天津蓟州公司发展愿景相结合，明确班组目标并形成共同愿景，确保上下同心、目标同向。公司坚持民主协商的形式，加强班组职工的相互沟通，广泛征求职工对班组各项事务的意见和建议，对于涉及职工切身利益的事项慎重讨论决定，真正在班组内实现民主，形成良好的民主管理氛围，不断增强职工的主人翁意识。

第四章　职工文化聚力

优化班组减负平台

国网天津蓟州公司严格按照《国家电网公司关于加强班组建设减轻班组负担的指导意见》及30条重点要求，持续加大基层班组减压减负工作力度。公司通过强化科技减负，加大对现有信息系统的整合力度，推动数据共享和业务信息融合，避免数据重复录入，规范班组台账记录，以电子化台账为主，避免采用手工填报。强化管理减负，规范班组综合性和常规性评比表彰工作，简化班组迎检方式，避免设计过于复杂的考核体系。强化提速减负，从严控制下发到班组的文件，减少班组职工参加的会议，避免出现"陪会"现象，整合班组内部会议，提高会议的实效性。通过持续减轻班组负担，解决了班组结构性缺员问题，让基层班组工作变得更加标准化、规范化、高效化。

健全先进培养平台

国网天津蓟州公司以高度的社会责任感和使命感，培养了一支顾大局、负责任、能战斗、能吃苦、能奉献的职工队伍。在防疫防汛、迎峰度夏、重大保电工作等急难险重任务面前，广大职工继承国家电网人能打硬仗、善打硬仗、敢于胜利的优良传统，塑造出了具有鲜明特色的电网"铁军"精神，成为推动电网创新发展的宝贵精神财富和强大动力。这期间涌现出了"大山里行走的红马甲"志愿服务队、"全国向上向善好青年""天津好人""天津市优秀志愿者""天津市最美家庭"等先进典型。

面对来势汹汹的新冠肺炎疫情，国网天津蓟州公司迅速组织相关党团组织和广大党团员积极投身疫情防控保障工作中，为防疫提供充足的电力保障。各供电服务中心积极与属地政府对接，对辖区内疫情隔离点，以及政府机关、应急部门、疾控管理部门等防疫重点点位进行全面梳理。公司安排共产党员服务队队员和青年志愿者加班加点到各处核酸

文化驱动"群体先进"培育——"大山里行走的红马甲"品牌建设实践

检测点位开展安全用电服务，对点位所在电力线路连续开展多次特巡，以保障点位用电安全；对于没有电源的核酸检测点位，服务队员积极协调，第一时间解决临时接电问题；服务队主动与各核酸检测点位建立双向沟通机制，及时了解用电需求，为开展疫情防控工作提供坚实的电力保障。公司运检部积极开展重要变电站和上级电源线保电工作，组织共产党员服务队队员和青年志愿者重点对为城区供电的7座110千伏变电站、14条输电线路开展动态巡视，对重要出线间隔开展红外测温和超声波局放等带电检测，全力确保城区电网安全可靠供电。公司始终坚持"人民电业为人民"的企业宗旨，积极开展用电安全服务，保障疫情期间可靠用电，积极助力打好疫情防控攻坚战。

第三节　凝心聚力的职工文化

职工文化建设的成效

身心健康促发展

在系统建设职工文化的过程中，在摸清不同职工群体身心健康状况的基础上，国网天津蓟州公司联络天津市体育局合作机构为职工开出"健康处方"，定制健康锻炼方案。公司工会结合职工兴趣爱好，新组建了篮球协会、足球协会、羽毛球协会、瑜伽协会等，为有强身健体想法的职工提供活动平台。疫情常态化期间，公司通过线上方式组织"云长跑"、展示最美健走路线、趣味健绳接力等活动，使得职工在保持身心愉悦的同时，也得到了充分的体能锻炼，职工普遍反映近几年"体重掉了下去、精气神涨了上来"。为增强广大职工的身体素质和健康水平，广泛凝聚职工建功"1001工程"的决心和动力，2022年11月7日，国网天津蓟州公司第十届职工趣味运动会暨职工健走争先赛在盘山电力培训中心精彩开赛，来自各分工会的150余名员工报名参加比赛。趣味运动会共设置拔河、"充气毛毛虫""齐心协力"等5个集体项目和"企鹅漫步""袋鼠运瓜""全能冠军"等10项个人项目。比赛现场加油声、呐喊声此起彼伏，参赛选手奋勇争先、斗志昂扬，每轮角逐都精彩激烈、妙趣横生，比赛者和观众们的脸上都挂满了笑容。运动会的举办让平时久坐办公室或坚守生产一线的职工获得了乐趣，感受到团结的力量。此次活动虽然只有短短3个小时，却为公司职工的工作生活注入了新的活力，让大家在工作生活之余，勤做运动、强身健体、愉悦心情，始终保持旺盛的工作热情。

举办职工趣味运动会

文化驱动"群体先进"培育——"大山里行走的红马甲"品牌建设实践

为做好疫情期间始终坚守岗位的一线职工的心理健康关爱工作，提高职工解决情绪问题的能力，国网天津蓟州公司邀请国家二级心理咨询师、注册心理师王自华教授，开展了"与压力共处疫情下职工的心理调适"专题讲座，主要就疫情期间如何积极应对心理压力、保持良好心态以及如何在疫情中获得成长等内容进行授课。整个讲座从心理健康的十条标准出发，分析了新冠肺炎疫情期间职工应该如何面对工作环境和生活环境，指出被封闭隔离的职工可能遇到的心理和生理问题，并提供了一些舒缓心理压力的实践方法和技巧，内容深入浅出，精彩纷呈，让广大职工感受到组织的温暖。

学习成长保建设

国网天津蓟州公司大力培养打造新时期知识型、技能型、创新型产业工人队伍，致力于助力基层职工，特别是基层青年职工实现自我素质能力提升、投身企业发展建功立业的美好愿望，提升职工干事创业的能力。公司建成职工创新基地，该基地同时具备"联合创新研发、成果孵化培育、内外转化试制、技术研讨学习、展示交流传播、创新人才培养"六大功能，成为广大职工交流碰撞创新火花、技术攻关联合创新的"实训场"和"操作间"。公司举办专业技能劳动竞赛，聚焦建设具有中国特色、国际领先的能源互联网企业战略目标，以赛促培，提高职工技术技能水平，提升产业工人队伍素质。公司职工苏朝阳自2010年9月入职以来，先后在运检部、营销部以及供电服务中心学习、锻炼，他在工作中勇于创新、主动担当，获得同事们的一致好评，先后荣获国家电网有限公司"劳动模范"、天津市"最美电网一线女工"及"巾帼建功标兵"等荣誉称号。在国家电网有限公司2021年供电"服务之星"劳动竞赛决赛现场，苏朝阳同志荣获"卓越服务之星"称号，实现了国网天津蓟州公司在该项荣誉上零的突破，极大地鼓舞了职工士气。

第四章　职工文化聚力

公司坚持聚焦加强党的全面领导这一政治原则，发挥工会组织宣传教育职能，通过"津彩蓟电""津电之家"等线上平台及时宣传党的十九届六中全会精神，引导广大职工自觉主动听党话、跟党走。公司围绕增强工会干部队伍思想政治素养，组织开展线上新思想课堂，系统学习习近平总书记关于工人阶级和工会工作的重要论述，将学习成果转化为推动新时代工会发展的生动实践。公司开展青年创新沙龙系列活动，全力推动第六届青年创新创意大赛项目孵化转化，激励青年职工创新创造，掀起青年创新热潮。公司还邀请营销部反窃电、业扩报装、采集运维与检测检验专家，现场为青年职工讲解营销专业知识，打破各专业间的技术壁垒，激发青年职工创新思维。同时，营销部的青年创新项目"乡村振兴'电向标'——考虑多需求场景的蓟州区充电站规划""计量装置异常监测报警装置""可视化计量箱"等参与了本次创新沙龙活动展示，充分反映出国网天津蓟州公司一线青年职工在工作中善于观察、勤于思考的特点。

建功立业提质效

公司打出"竞赛建功、建言献策、民主管理、班组减负、先进培养"五大平台组合拳，极大地凝聚了广大职工踊跃投身发展、竞相岗位建功的智慧与力量。公司还发挥厂务公开民主管理的主渠道作用，建立"三卡两志"职工诉求服务体系。针对一线职工普遍反映的终端应用多、检查评比多、数据共享难、营配融合难的"两多两难"问题，公司主动推动管理创新项目，推动科技、提素、关爱三大维度赋能，持续加大基层班组减压减负工作力度，"减负不减责、增效不增压"，有效改善了制度缺失、重复交叉、管理无序等状况，基层班组工作变得更加标准化、规范化、高效化。

文化驱动"群体先进"培育——"大山里行走的红马甲"品牌建设实践

职工文化建设存在的问题及优化举措

在培育职工创新文化、拓展提质增效的过程中，国网天津蓟州公司基层团队在一定程度上存在工作自主性不够高、创先争优意识不够强、创新创效能力偏弱的问题，职工的内在动力不足，工作获得感、成就感难以实现。公司共54个班组，班组长均是业务专家出身，重业务、轻管理的思维始终存在，部分班组长基本满足于完成上级布置的安全和生产任务，对自主管理、激发职工活力方面思考较少，管好人、带好队伍的能力有待提升。

公司班组管理机制有待完善，管理缺乏针对性和准确性。面对指标排名和考核压力，以及用工编制上的差别，存在部分编制人员归属感不强等问题，班组缺少有力的激励措施。班组培育模式有待优化，优秀管理经验交流推广不足。公司每个班组都有自己的管理特色，但是整体较为离散，在培养方式上没有一个"精品打造、示范引领、全面进步"的班组培育梯队，导致好的管理经验难以提炼固化推广。

国网天津蓟州公司以建设自我驱动、协同高效的"生命体"班组，服务企业发展为目标，以全方位提升职工综合素能、促进职工成长成才为主线。首先，在组织架构上，建立"公司党委、职能部室、基层单位"三级联动班组建设管理网络，畅通精神传导和专业沟通。其次，在激励手段上，建立"季度＋年终"环环相扣的班组定级考评机制，通过比服务、比指标、比业绩、比管理，增强职工本领。最后，在平台搭建上，突出典型示范引领作用，搭建沟通交流平台、集智聚力平台、创新创效平台、成长成才平台，以激发职工劳动热情、聪明才智和创造活力，努力实现公司发展与职工成才的同频共振，促进企业与职工共同成长。

公司强化体系设计，坚持三个导向。其一，坚持责任导向，标准先行，突出规范性。建立国网天津蓟州公司班组检查"通用＋专业"统一标准，制定《蓟州供电公司班组建设管理办法》，发挥标准的导向作用、定级的激励作用、标杆的示范作用，规范开展班组建设。按照归口管理、专业协同、基层实施的模式，进一步明晰职责、落实责任，推进国家电网有限公司和省市公司班组减负工作任务落地。其二，坚持问题导向，分组分类，突出针对性。坚持开展广泛调研，响应班组细分需求，建立年度班组建设工作任务，滚动修订班组管理办法。根据不同专业性质实行分组管理（分为主网生产组、营销配网组和集体企业组），指导本专业组内班组提升工作，负责专业管理特色的指导与强化，并配合做好公司班组评定的专业亮点审核。围绕公司安全生产、优质服务和经营业绩目标，深挖班组特色，开展"智能型""复合型""学习型"三类班组针对性培养，形成公司班组的特色化"成长库"。其三，坚持价值导向，持续改善，突出先进性。将班组建设与公司战略落地、促进企业改革发展相结合，将定级标准与推动电网建设、安全生产、优质服务、改革创新等工作相结合，形成具体指标并在班组实施。对照标准夯实基础，对照标杆持续改进，推动班组整体素质的持续提升。选树富有特色的公司先进班组，发挥以点带面的重要作用，保证学有经验、做有示范、赶有目标。

公司强化从严管理，健全考评机制。其一，实施全程管理，全程管控。坚持"季度＋年终"定级考评环环相扣，采取达标制与评优制相结合的综合考评方法，每季度通过专业分组考评、班组绩效考核、督查督办、专项加分等多维度评价将班组建设阶段性成果"亮出来"，监督各基层单位对公司重点工作的落实情况。其二，科学分级，建立成长梯队。传统的评分方式对考核结果的分级不够直观，为此，在年终定级阶

文化驱动"群体先进"培育——"大山里行走的红马甲"品牌建设实践

段,公司采用 A、B、C、D 四级评价方法,在依照《国网天津蓟州公司班组建设考评细则(修订)》进行考评打分的基础上,附加《国网天津蓟州公司标准化班组定级必备条件》。按照 A 级占比 20%,打破必备条件则按下一级别定级,在 A 级中优中选优树立标杆的原则,最终将公司 75 个班组划分为 A、B、C、D 四个梯队,达到结果直观、排序精准的目的。其三,沟通反馈,确保客观公正。为保证考核的客观性与公正性,公司一改以往考核结果一旦公布便盖棺定论的做法,创造性地在考核中引入"申诉"环节,有效规避了因"误考核"而影响基层单位积极性的问题。各单位如对考核结果有异议,可在 5 个工作日内进行书面申诉,说明申诉理由并补充印证资料,在进行沟通核实后,公司对考核情况进行调整并公布。"反馈"与"申诉"的双向互动,也为公司加强对基层单位的沟通指导搭建了常态化平台,进一步增强了考核的有效性。

公司强化支撑保障,深化定级结果应用。其一,注重组织保障,形成班组培养合力。公司致力于目标同向、同心共创,按照"全员参与、专业探索、系统推进"的工作思路,设立公司班组建设指导委员会和班组建设工作小组,在各基层单位建立班组建设管理体系,建立"公司党委、职能部室、基层单位"三级联动班组建设管理网络,严把时间和成效两个维度。其二,注重平台支撑,推进班组质效优良。结合职工队伍素质提升的需要,公司制订"1+2+3+4"工作任务,即围绕一个目标(建设具有自我驱动、协同高效的"生命体"班组),完善两大机制(考评激励机制、帮扶共进机制),突出三个关键(重典型示范标杆引领"导向化"、重阵地打造文化导入"有形化"、重载体融合平台构建"多样化"),搭建四维平台(沟通交流平台、集智聚力平台、创新创效平台、成长成才平台),并将工作任务分解成"一季度一主题",通过兼具"全员性、全面性、实效性"的班组活动调动和激发基层班组活力,推

第四章 职工文化聚力

进班组减负、赋能、增效。其三，注重典型引路，深化定级结果应用。公司以班组定级为抓手，充分发挥先进班组在典型管理经验和优秀管理手段上的示范引领作用。以班组结对为抓手，以合作交流为措施，以人才培养为侧重，以"结对帮扶、互帮互学、共同提升"为主线，促进班组在精益管理、业务管控、信息支撑、队伍建设方面相互学习、相互借鉴，形成优势互补、共同进步的工作格局。同时，将班组定级结果与职工的绩效奖金系数挂钩，标杆班组、A级班组和进步最快班组所有职工月度绩效奖金系数按不同比例上浮，通过职工薪酬调整激励全员争先创优。

公司职工文化培育取得一定成效。通过建立"季度＋年度"的全过程多维度班组定级体系，从横向对比和纵向提升角度为公司所有班组提供了评价的标准和努力的方向。通过全程规范管控，及时分析和纠正班组的管理执行偏差，进一步夯实基层基本功，实现了班组岗位设置专业化、工作流程标准化、人才应用复合化。通过搭建融合"素能提升－沟通交流－创新创效－评价激励"的多维度班组成长平台，并将个人的成长、班组的评价、薪酬的提升、职业生涯发展全面结合，激发了职工学习技术、苦练本领、争创一流的热情，为企业发展凝聚了干事创业的正能量。多年来，从各个基层班组中走出许许多多的技术能手和劳模工匠，他们在各类专业技术比武中获得的奖项不胜枚举。同时，这一批先成长起来的"能工巧匠"，继续以班组多维度成长成才评价体系为载体，发挥着示范引领作用，成为辐射一片、带动一片、引领一片的模范典型。通过将指标下沉至各个基层班组，以定级为抓手比服务、比业绩，积极开展创新活动提质增效，各个基层班组致力于创新创效，成果屡次在职工创新、青创赛、科技项目评选等竞赛评比中取得优异成绩，在为公司节约人财物资源的同时，大幅提升了线损率、不停电计划作业率、客户服务满意率、营商环境优化指数等指标水平。

未来职工文化建设的发展方向

在职工群众中，蕴藏着无穷的宝藏，汇聚着巨大的能量。可以说，职工群众是行业发展的主力，是企业改革的主体，更是职工文化的主角。当前，我们阔步新时代，奋进新征程。在电力行业，团结引领广大电力职工为实现中华民族伟大复兴的中国梦而奋斗、为构建以新能源为主体的新型电力系统而拼搏、为实现碳达峰碳中和目标而奉献，成为新时代电力职工文化建设的主题主线。

在我们看来，职工文化建设是现代职工文化中最生动的部分，是企业管理经营改革中最温暖的元素，是推动企业发展进程中最活跃的因子。国网天津蓟州公司积极开展职工文化阵地建设，新建、改扩建了一批职工文化活动阵地，成立了职工文体活动中心和职工文体协会，开展"职工书屋""职工讲堂""职工之家"等建设活动，为广大职工群众打造了更加美好的精神家园。接下来，公司将继续深化足球、篮球、羽毛球、瑜伽等文体协会的活动开展，组织举办职工喜闻乐见的各类体育活动，不断提升职工身体素质，同时引领大家热心公益，持续擦亮"大山里行走的红马甲"志愿服务品牌，以更加饱满的精神状态迎接党的二十大胜利召开。

第五章　品牌文化传播

第五章　品牌文化传播

第一节　品牌文化塑造

品牌文化是品牌在经营中逐步形成的文化积淀，代表了企业和用户的利益认知、情感归属，是品牌与传统文化以及企业个性形象的总和。与企业文化的内部凝聚作用不同，品牌文化突出了企业外在的宣传、整合优势，即将企业品牌理念有效地传递给用户。品牌文化是凝结在品牌上的企业精华，优秀的品牌文化可以赋予品牌强大的生命力和非凡的扩张能力。充分利用品牌的美誉度和知名度进行品牌延伸，能够进一步提高品牌的号召力和竞争力。

习近平总书记提出要"推动中国制造向中国创造转变、中国速度向中国质量转变、中国产品向中国品牌转变"。要想建设具有全球竞争力的世界一流企业，必须打造世界一流品牌。国家电网有限公司立足新发展阶段、践行新发展理念、服务新发展格局，提出建设"具有中国特色国际领先的能源互联网企业"战略目标，明确"一业为主、四翼齐飞"发展总体口号，充分体现了央企作为"大国重器"和"顶梁柱"的责任与担当。

丰富核心与内涵

企业的品牌是企业文化的载体，是企业竞争力的核心内容。品牌建设是一个完整系统，是一个循序渐进、长期积累的过程。品牌建设可以增加企业的凝聚力，增强干部员工对企业的认同感、归属感和自豪感，

文化驱动"群体先进"培育——"大山里行走的红马甲"品牌建设实践

顺应企业发展的需要，鼓励员工为提升企业核心竞争力而奋斗。

国网天津蓟州公司目前正在打造"大山里行走的红马甲"子品牌。通过制订品牌培育计划，定期开展"大山里行走的红马甲"志愿服务活动，充实品牌内涵，提高品牌的知名度。公司积极开展品牌宣传，拍摄了《山里红》《龙山印蓟》等宣传视频，扩大品牌影响力。

绿水青山就是金山银山。蓟州区作为"京津后花园"，北部山区林地面积达 96.18 万亩，林木绿化率达 81%。蓟州山区果树以山楂（俗称"山里红"）为主，公司组建"大山里行走的红马甲"志愿服务队，并打造出特色的"山里红"宣传品牌。"山里红"植株生长茂盛，自古以来都被视为希望的象征，因此，"山里红"宣传品牌也寓意着国网天津蓟州公司服务美好生活的期许。同时，"山里红"耐寒抗风，也代表着坚强的品质，"大山里行走的红马甲"志愿服务队同样以坚强的毅力用脚步丈量大山，深入蓟州山区农村、田间地头开展"脱贫攻坚""直播带货"等各项活动。在疫情期间，"大山里行走的红马甲"服务队开展直播带货 20 余次，销售农产品 21 类，直播销量近万斤，迅速缓解了 50 多个困难家庭的燃眉之急，实现户均增收 1200 余元。多年来，志愿服务队的足迹踏遍蓟州山区 949 个村庄，开展志愿服务 966 次，销售农产品 4 万余千克，帮助 386 个困难家庭累计增收 30 余万元。2020 年的"电力红马甲、山路带货人"志愿服务项目也荣获了全国志愿服务项目大赛金奖。蓟州公司会持续擦亮"山里红"宣传品牌，塑造电力企业的良好公益形象。

深入探索与创建

国网天津蓟州公司针对"大山里行走的红马甲"品牌开展精准化宣传，并本着政治敏锐性、新闻严谨性，系统整合宣传资源，积极构建具

第五章　品牌文化传播

有多样化传播形态、多元化传播渠道、覆盖更加广泛、传播更加快捷的全方位、立体化传播平台，并基于数字技术，积极推动"报、网、端、微、屏"等媒体互联，实现全媒体传播。经中央网信办推荐，全国近800家主流媒体置顶转发公司青年志愿服务队宣传视频《大山里行走的红马甲》。视频生动讲述了在天津北部的蓟州山区，有一支身穿"红马甲"的队伍主动服务天津市蓟州区26个乡镇村民，积极探索"志愿服务＋安全＋绿色＋社会责任"服务模式，以实际行动助力乡村振兴的青春故事。

国网天津蓟州公司开展品牌建设工作经历了品牌初创期、品牌成长期、品牌提升期、品牌引领期。

（1）品牌初创期：国网天津蓟州公司"大山里行走的红马甲"志愿服务团队成立之初，整体形象尚未形成，社会认知度低，需要加强对外

《大山里行走的红马甲》宣传视频

文化驱动"群体先进"培育——"大山里行走的红马甲"品牌建设实践

品牌宣传。

国网天津蓟州公司年轻工作人员在每个月入户抄电表、收电费的过程中发现,山里很多村庄交通不便,村里只有老人和孩子,地里的农产品没办法卖到大山外面,贫穷一直困扰着村民。于是这些年轻人集思广益,寻找帮助这些村民的方法,这也是"大山里行走的红马甲"志愿服务团队成立的初衷。

(2) 品牌成长期:"大山里行走的红马甲"志愿服务团队围绕蓟州区域特点,深入提炼品牌内涵,制定品牌规划,统筹开展品牌传播活动,推动品牌建设工作升级。

"大山里行走的红马甲"志愿服务团队成立后,"红马甲"们开始翻山越岭,穿行在崎岖的山路上,并在工作之余帮着大山里困难的农户从山下带些必需品上山,同时开始帮助他们带卖山货。自行车是青年志愿者们的代步工具,他们的后座上常常驮着一袋袋山货。但是他们没人嫌麻烦,因为车上驮着的是村民的希望。就这样,以前年年滞销的山楂、核桃、栗子等山货源源不断地被销售出去,村民们的"钱袋子"渐渐鼓了起来。"大山里行走的红马甲"志愿服务团队也渐渐被人熟知。

(3) 品牌提升期:"大山里行走的红马甲"进入品牌提升期,重点全面深化品牌传播、品牌维护、品牌塑造、品牌管理,着力讲好"国网故事"、传递"国网声音",负责任央企形象持续提升。

在走家串户的过程中,"红马甲"们了解到蓟州区邦均镇下埝头村村民桂国旗身患重病,家里的主要收入来源是圈养的 30 只土鸡和 5 只山羊。志愿者们商量着帮他把鸡蛋卖出去,让他的日子好起来。大家纷纷通过自己的朋友圈为桂国旗的鸡蛋"代言",鸡蛋订单不断增多。后来,在青年志愿者们的帮助下,桂国旗又扩建了鸡舍,土鸡养殖规模达

第五章　品牌文化传播

"大山里行走的红马甲"志愿服务队让村民生活有了新的转机

到 100 只，实现年均收入过万元。

（4）品牌引领期："大山里行走的红马甲"品牌工作向全面引领阶段升级，主要工作包括丰富品牌理念，研究品牌架构建设，对内提升品牌意识、凝聚发展合力，对外彰显企业精神、赢取社会认同。

近年来，国网天津蓟州公司有效整合内外媒介资源，充分运用融媒体技术，增强移动化、数字化传播，建立精准化、互动化的品牌推广体系，实现品牌传播全方位覆盖、全时段延伸、多领域拓展，广泛传播品牌形象，有效传递品牌价值。如今，国网天津蓟州公司充分利用媒体和互联网平台，实行"中央厨房"运作，形成了立体化、高密度、全媒体传播态势，通过"津彩蓟电"微信公众号及微博等平台，提升"大山里行走的红马甲"品牌认知、品牌联想和品牌美誉度，推动负责任央企形象渐入人心。

文化驱动"群体先进"培育——"大山里行走的红马甲"品牌建设实践

第二节　品牌文化价值

厚植品牌文化沃土

为扩大影响力，国网天津蓟州公司一直着力打造自身品牌，而"大山里行走的红马甲"作为国网天津蓟州公司打造的子品牌，恰好可以充分结合蓟州区的地理与人文特点，结合公司任务，开展特色活动，展现国网天津蓟州公司品牌价值。

复杂的地理条件

将地域特色融入品牌文化、彰显独有品牌价值一直以来都是国网天津蓟州公司品牌文化建设的重点。公司位于天津北部蓟州山区，地形复杂，山川、水库、河流相结合。将绿水青山转变为金山银山，帮助山区中的贫困村脱贫致富，是国网天津蓟州公司的使命与任务。近年来，面对山区的贫困村、经济薄弱村，公司牢记"人民电业为人民"的企业宗旨，积极响应总公司号召，坚决做到以群众为中心。在扶贫行动上，国家电网有限公司立足支持扶贫产业发展，助力贫困地区资源优势转化，有效增强贫困地区的"造血"能力，推动贫困地区实现可持续发展。国网天津蓟州公司更是将助农与打造公司品牌相结合，以"大山里行走的红马甲"志愿服务队为品牌形象，开展形式多样的助农活动。服务队以培育和践行社会主义核心价值观为根本，充分发挥电力专业全覆盖的优势，着力把学雷锋活动与志愿服务有机融合，主动服务天津市蓟州区26

第五章　品牌文化传播

个乡镇的村民，以"乡村电靓""乡村增收""乡村关爱"三项行动助力乡村振兴，回应了习近平总书记对志愿服务的殷殷嘱托，将服务队的品牌树立起来，在津沽大地和国网公司形成了广泛影响和示范效应。

多样的用户群体

复杂的地理环境塑造了蓟州区多样的用户群体，既有需重点保电的政府、医院，用电量庞大的工业园区，又有用电量起伏较大的农家院、相对落后的小山村。不同的用电环境对应着不同的用电业务，而广泛的业务范围、庞大的用户人群刚好可以成为彰显国网天津蓟州公司品牌文化价值的沃土。

为支持"双碳"政策落地，国网天津蓟州公司"大山里行走的红马甲"志愿服务队来到穿芳峪镇东水厂村开展"低碳大篷车、点亮振兴路"志愿服务活动。

"大朋友、小朋友们，咱们来复习一下刚才我们讲的内容，电线附近能放风筝吗？""不能！"这是服务队队员在东水厂村古槐树下进行安全与节能用电知识有奖问答的一个场景。活动中，服务队成员向村民普及节能减排知识，传达"留白、留绿、留璞"的重要理念，通过发放宣传材料，指导村民科学、安全、节约用电，并在现场为群众解答供电方面的问题。村民与来参观千年古槐的游客很快就被队员们的一抹红色吸引，认真倾听节能妙招、积极参与知识问答、踊跃提出用电疑惑，群众的"低碳"理念在古槐的荫蔽下和凉爽的清风中悄然生长。

此后，服务队队员还根据群众的提问与疑惑，为大家提供了丰富的电力延伸服务。他们入户为有需要的村民更换节能灯，看着亮起来的节能灯，村民们对志愿者连连称赞并表示感谢。服务队队员们还充分发挥自己的优势和专长，耐心地为村民讲解空调、冰箱等家用电器如何调节使用效果更好、能更省电，他们教授并帮助村民清洁空调滤网。在服务

文化驱动"群体先进"培育——"大山里行走的红马甲"品牌建设实践

"低碳大篷车、点亮振兴路"志愿服务项目

过程中，服务队把不怕苦、不怕累的精神以及专业素养展现得淋漓尽致。

面对"双碳"落地，"大山里行走的红马甲"志愿服务队将蓟州区独有的古槐与电力宣讲相结合，让群众以最快速度融入宣讲活动之中，在服务"双碳"落地的同时，擦亮服务队电力志愿服务队品牌，彰显责任央企形象。

针对不同的用户群体，服务队总能找出不同的志愿服务方向，老人、青年、小孩、商家、游客，服务队一直致力于让自己的服务覆盖到每一类人。10余年来，服务队累计开展志愿服务活动1300余次，用实际行动诠释了电力人的责任担当，书写"雷锋精神"的供电情怀，不断积累品牌价值，持续优化品牌口碑，在大众心中形成"服务队就是自己人"的理念，让志愿服务精神在新时代发扬光大。

助力品牌文化成长

国网天津蓟州公司一贯深化品牌理念，加快推动品牌建设工作转型，由品牌形象塑造转向社会环境建设，致力于争取社会各方对公司的战略认同、情感认同和价值认同。公司注重深化品牌理念和内涵，"大山里行走的红马甲"志愿服务队的服务事迹持续丰富了国网公司"可靠可信赖"品牌理念内涵，将公司价值理念融合固化为"大山里行走的红马甲"品牌特有基因，形成了鲜明的"可信、可亲、可敬"品牌特质。国网天津蓟州公司持续推广"大山里行走的红马甲"志愿服务品牌，厚植"人民电业为人民"的品牌文化基因，坚持"以人民为中心"的发展思想，形成了"具有中国特色"的国家电网品牌文化，用文化涵养品牌，用文化点亮品牌，为提升公司软实力提供支撑，提升品牌的附加值和差异化竞争优势。

对于"大山里行走的红马甲"志愿服务队来说，其行动主要彰显国网天津蓟州公司品牌文化的对外价值和对内价值。对外部而言，志愿服务从来不是公司的一项硬性任务，而是电力员工在进行本职工作时通过细微观察自发形成的助人行动，即"助人性"；而对内部而言，从活动策划时细致入微的准备到活动当日热情迸发的服务，服务队的各位志愿者在服务他人的同时也开拓了自身的眼界，培养了自己的能力，即"育人性"。

外在"助人性"价值体现

回顾和分析当代中国青年志愿服务的起源，共青团中央于1993年启动青年志愿者行动，1994年成立中国青年志愿者协会也是源于跨世纪社会发展和民生改善的服务需求。青年志愿者对困难群体、特殊群体的关爱帮助，不仅仅对服务对象具有重要意义，对改善社会风气也具有重

文化驱动"群体先进"培育——"大山里行走的红马甲"品牌建设实践

要影响。

当"大山里行走的红马甲"志愿服务队得知李秀琴家因疫情导致山货滞销时，便想到以直播带货的方式帮她渡过难关，此时的服务队还处于品牌建立初期，对外的形象还未树立起来，仍以国网自身品牌作为担保。

近年来，"大山里行走的红马甲"志愿服务队开展的志愿活动让村民们的生活亮起来了。自志愿活动实施以来，服务队助力2000余户村民的分布式光伏发电项目投入使用，保障蓟州区的"煤改电"工程顺利完工，确保群众清洁、温暖过冬；为900余户困难家庭安装节能灯1000余个、太阳能灯152个。服务队开展宣讲和入户服务700余次，发放宣传页和便民服务卡10万余张，提升了村民对电能高效、低碳使用的认同度和自觉性，促使村民观念发生改变。服务队通过提高老年人节电能力，促使其将节电意识传导给周边人；通过建立孩子们的绿色、低碳理念，达到教育一个孩子、影响一个家庭的效果；通过引导青年人使用"光伏"和"电采暖"，推动"电能替代"在农村的推广。

在服务队队员们的不懈努力下，"大山里行走的红马甲"志愿服务队形象不断提升，大众对其的认可度也不断攀升，志愿服务项目不断拓宽、升级。后续进入公司的青年员工逐渐成为志愿服务的新生力量，他们的新思想、新视角，在与电力专业知识结合、与工作环境碰撞下，迸发出了不一样的火花，他们不但认真、细致，而且更具有专业性。志愿服务队在农村中开展的服务活动，不仅仅是简单的慰问和助学，而是开发多种项目，帮助村民们发展生产、丰富生活，获得新环境下的发展优势。如今，科技更新迭代频繁，新的技术、产品络绎不绝，"大山里行走的红马甲"志愿服务队在农村开展了丰富多样的电力宣讲和电力延伸服务，帮助乡亲们树立正确的能源理念，在获得更好的电力服务的同时也节省了能源。青年一代用自己的专业知识为提高志愿服务的专业化奠定了基础，并利用自身智慧、技能，在众多领域帮助大众获得发展进步。

服务队的志愿活动不仅帮助了群众，同时树立了国网天津蓟州公司的良好口碑，体现了公司的担当，彰显了企业品牌文化价值。青年员工本身就是公司的坚实力量和潜力储备，也是为实现党的第二个百年奋斗目标的主力军。陆士桢教授分析指出："志愿服务行动把社会中最积极、最能动的个体凝聚在一起，促进社会积极力量的增值与发育，志愿服务行为不仅仅是国家富强建设的重要人力资源，也是国家富强重要精神力量的基础部分。"

"大山里行走的红马甲"志愿服务队不仅是服务百姓的年轻队伍，更是体现国网天津蓟州公司品牌文化的鲜活展板。服务队一直坚信："脚下沾有多少泥土，心中就沉淀多少真情。"无论村民住得多偏远，无论刮风下雨、白天黑夜，只要村民有需要，队员们都能在第一时间到达现场，从安全用电知识宣传到排查隐患，从维修开关到更换线路，队员们成了村民们有求必应的"电保姆"。

2011年的腊月二十九晚上8点多，三道岭村的曹大爷家里因电力线路老化发生了火灾，火苗把房梁都熏黑了。接到消息后，队员们第一时间驱车20多公里赶到曹大爷家中查看情况。"大爷，没事的，咱家电线年头太久，换成新线就好了。"拉线、布线、更换节能灯，伴着刺骨的寒风，队员们却出了一身汗，一个多小时后，灯泡亮起来了。"这年过得更亮堂喽！"曹大爷这才舒展了眉头，高兴地向队员们竖起了大拇指。

队员们的电力延伸服务也形成了惯例。在春耕春灌时节，他们帮助用户排查水利变台、温室大棚等用电设备隐患；在夏秋旅游旺季，他们

文化驱动"群体先进"培育——"大山里行走的红马甲"品牌建设实践

组织"义诊农家院、订制连心家"活动，上门开展用电安全隐患排查和安全用电培训；冬季他们服务到家，逐户核查"煤改电"供暖设备安全隐患。10年来，队员们共无偿开展安全用电检查、隐患排查活动860余次，保障9万余户"煤改电"群众温暖过冬。从"小伙子""供电局的"，到"山里红""闺女"，乡亲们对服务队员们称呼的变化反映了他们的情感变迁，"山里红就是家里人"成为村民挂在嘴边的一句流行语。如今，"大山里行走的红马甲"志愿服务队伍越来越庞大，去往村子里的面孔换了一个又一个，但乡亲们的称呼却越来越亲切，乡亲们的生活也逐渐好了起来。乡亲们亲切的称呼体现出他们对供电公司的认可度不断攀升，志愿服务队也在不经意间将国网天津市蓟州公司的品牌树立得愈发鲜明。

内在"育人性"价值体现

"大山里行走的红马甲"品牌的特殊性，就在于其一开始就关注和重视"双功能"，即不仅仅让电力员工在工作之余可以帮助群众，给群众带来电力人本职工作以外的暖心服务，而且注重在服务过程中培养员工对他人的爱心、对社会的责任感、对国家的担当精神，增加员工对企业品牌文化的理解与认同，提升员工归属感。钱理群教授曾说道："青年志愿者运动，实际上是一个当代大学生自己联合起来，在参与社会变革的实践中，寻求新的价值理想、确立新的人生目标的自我教育运动。"从现实情况来看，电力员工在工作、学习的过程中，都要经历一个"吸收－理解－体验－认同－融合－养成"的过程。

相较于校园内常用"传授式""灌输式"的教育方式，工作中更多地倾向于在实际操作中学习。如果没有实践，员工对公司品牌文化往往是"知其然不知其所以然""听进去却记不住"，更加难以将其发展成为自身的内在涵养和生活习惯。青年志愿服务活动能让员工在奉献爱心、帮助他人的过程中获得感知、获得体验，不断将对品牌文化的理性认识转化为切身体会，真正将其融入自己的思想和心灵。

因此，"大山里行走的红马甲"志愿服务队在推广志愿服务的初期，就重视引导青年志愿者奉献爱心、助人为乐，体验成长、实践成长、锻炼成长，从思想提高到人格健全，成为社会主义建设的合格人才。经过多项志愿服务，服务队成员们的思想得到了升华，也深入理解了习近平总书记关于乡村振兴、志愿服务等重要讲话精神，坚定了初心与使命，在帮助他人的同时，提升了党性和自身价值，深化了青年员工对公司品牌文化、企业社会责任的认同感。在向村民宣传节能低碳知识的同时，队员们也提高了自身的绿色低碳意识，形成了在学习中实践、在实践中再学习的良性循环。

通过开展活动、项目策划与宣传展示等多个角度的实践，提升了"大山里行走的红马甲"志愿服务团队的专业能力，磨炼了队员的意志品质，增强了团队意识，实现了个人自身发展和团体发展的统一。服务队成员间沟通参与志愿服务的契机，分享助人的感受和体会，交流生活和认识上的变化，通过正能量、有益的互动，提高了队员们的思想觉悟和道德情操。服务队队员与服务对象的互动表现如下：在志愿服务过程中了解服务对象的困难与坚强，可引发队员对社会生活的更多思考和认知，从而丰富自身思想认识。服务队队员与社会舆论的互动表现如下：在参与志愿服务的过程中接受各种媒体、群体的评价，获得赞赏和肯定，不断提升队员们奉献社会、创造业绩的自豪感。通过参加志愿活动，公司员工增加了与社会群体的互动，了解了生活与工作之外的社会动态，有利于员工成长的同时，也有利于服务活动的定期开展和不断深入。青年员工从第一次参与的新鲜、好奇，到持续参与的有感触、有感想，再到在长期参与中培养了爱心和善意，是一个逐渐递进的过程。

文化驱动"群体先进"培育——"大山里行走的红马甲"品牌建设实践

互融互促作用显现

在青年志愿服务发展的初期，往往容易将"助人"与"育人"两方面的功能分隔开来，忽视了其内在联系。随着青年志愿服务的不断发展和深入，可以发现两者之间有一定的内在联系，是相互补充的关系。"助人"是志愿服务最主要的动机，是首要目的，而与此同时，群众也增加了对国网天津蓟州公司的好感，有助于公司树立良好形象，促使员工深刻领会公司品牌文化，在活动中得到多方面的成长，其中蕴涵着"育人"的机制。一是对于部分帮扶对象的志愿服务，就是"助人"与"育人"的结合，如开设"乡村美育课"，关爱帮助留守儿童、困难家庭儿童等，不仅仅要在生活上关心和帮助他们，还要重视他们的人格成长和知识引导；二是部分员工思想境界不高，通过参加志愿服务，可以增强他们对社会的认知、纠正其思想偏见，使其逐渐获得思想、道德、素质的提升，如开展关爱老党员、老军人活动等；三是青年志愿者在"助人"的过程中，不断坚定正确的认识，提高思想的深度，获得"育人"的成长效果，如开展电力宣讲。

其中，"乡村美育课"活动体现了最典型的交互作用。在帮扶村里，有一些留守儿童，因为父母外出打工不能陪伴他们成长，他们既快乐又孤独、既敏感又木讷、既自强又自卑，对于物质帮助，他们通常是抗拒、回避的。为了能够走进孩子们心中，服务队尝试通过开设美育课的方式来亲近他们、了解他们。"大山里行走的红马甲"志愿服务队针对山里孩子们的特点设计打造了"绿色低碳、乡村之美"美育课，旨在通过绘画、泥塑创作等方式带领孩子们探索乡村低碳生活，认识替代能源，并让他们将所学所感融入艺术创作，通过创意市集的方式进行展示，让孩子们在探索和实践中深入理解"绿水青山就是金山银山"的深刻内涵。

第五章 品牌文化传播

"乡村美育课"上的作品

进入中国特色社会主义新时代，青年志愿者的服务更加丰富多样，"助人"与"育人"的交互作用也越来越突显。公司通过志愿服务活动，不但对外展现了国网天津蓟州公司品牌，更让公司内部员工大大加深了对服务队品牌的认同感，增强了公司凝聚力，使员工更加亲近公司，更加愿意为企业注入活力。

第三节　品牌文化建设

进入新发展阶段，国网天津蓟州公司品牌建设的核心任务从优化企业形象转变为凝聚公司价值共识、促进企业生态圈伙伴关系建立。因此，公司需要以"价值创造最大化、价值共享最优化、协同发展持续

文化驱动"群体先进"培育——"大山里行走的红马甲"品牌建设实践

化"为导向，以品牌为载体，将企业内部价值链活动的优化和资源能力的积累，与外部资源的有效利用进行紧密结合，充分发挥品牌引领作用，推进共建共赢合作机制，助力建设健康、繁荣、和谐的企业生态。

锁定任务与使命

立足新发展阶段，国网天津蓟州公司基于中国国情、国企属性、电网企业优势和价值创造，坚持推动品牌建设水平、品牌美誉度提升，这是服务大局、服务品牌建设的应有之举，也是实现企业高质量发展的必由之路。

首先，高举思想之旗，在"有信仰"上持续用力。"大山里行走的红马甲"志愿服务队融入专业、融入实践，打造"头雁"领航、"群雁"齐飞、"联盟"共建的志愿服务体系，成立了红色宣传团，开展红色宣讲，涌现出了一大批志愿服务先进集体和个人。

"我认为红色讲解员是很光荣的身份，我也会在业余时间尽全力做好这份工作。""大山里行走的红马甲"志愿服务队红色讲解员孙雪说道。工作之余，她常到蓟州红色教育基地进行义务讲解，向大家详尽讲述中国共产党在蓟州的峥嵘岁月。每次讲解前，为了让讲解更加温馨、细致、传情、有亲和力，"大山里行走的红马甲"红色讲解员们都会对接待对象进行全方位了解，并提前准备讲解词，当好红色故事的讲述者和红色基因的传承者。

其次，汇聚奋进之力，在"促保供"上持续用力。"大山里行走的红马甲"志愿服务队围绕"双碳"目标、电力保供、能源转型等服务区域发展的"国之大者"，电力抢修、政策宣传、业务办理、助力乡村振兴等服务区域百姓的"民生大计"，用心、用情、用力做好新时代服务工作。

第五章 品牌文化传播

每当进入取暖季，国网天津蓟州公司"大山里行走的红马甲"志愿服务队都会进行"煤改电"入户服务，冬季用电取暖的村民已经连续两年向志愿者们反馈了自己的体验。"我们村2019年底就改电取暖了，原先烧煤不方便、不安全，烟味呛得人难受。改了电，干干净净的，还更暖和了。这两年环境真是越来越好，来我们这旅游的人越来越多啦！"东二营镇村民张树清大爷称赞道。

"大山里行走的红马甲"志愿服务队开展"煤改电"线路巡视

最后，扛起央企之责，在"强品牌"上持续用力。"大山里行走的红马甲"志愿服务队将服务对象精准定位在蓟州区26个乡镇中以农产品为唯一经济来源的386户困难家庭。一个个鲜艳的"红马甲"翻山越岭，穿行在崎岖的山路上，工作之余，他们就帮着农户带卖山货。

2021年冬日里的天津市蓟州区东赵各庄果蔬产业园内一片繁忙的景

文化驱动"群体先进"培育——"大山里行走的红马甲"品牌建设实践

象,40 余名工人正在紧张地灌溉、疏果、采摘。与往年相比,日益红火的线上销售让园区工人们看到了新一年的希望,这希望的筑造者便是国网天津蓟州公司"大山里行走的红马甲"志愿服务队。

"今年我们48个棚全部种上了优质的草莓和西红柿,我们线上的销售额大约占总销售额的3成,线上销售还是我们薄弱的地方,但是经过去年和今年的尝试,我们的线上销售额正在日益增多,这都要归功于咱们党员服务队为我们直播带货,打开了线上销售的渠道。"天津市蓟州区东赵各庄果蔬产业园的总经理李建海说道。

国网天津蓟州公司"大山里行走的红马甲"志愿服务队自2011年起开展乡村助农活动,从传统带货到运用互联网、新媒体开启天津市首家央企直播带货,从服务386家困难户到产业园,"大山里行走的红马甲"志愿服务队在带货助农的路上一直前行。10年来,"大山里行走的红马甲"志愿服务队队员的足迹踏遍蓟州山区的949个村庄,销售34类农产品近5万千克,帮助386个困难家庭累计增收30余万元。他们还张罗着给农民开展种植、养殖等技术培训,开设线上微店,想尽各种办法帮助困难家庭增收。此外,他们共组织志愿服务等活动千余次,吸引了越来越多的年轻人和他们一起在志愿服务中奉献青春。

乡亲们的笑容也成为青年志愿者前进的动力。如今,这支青年志愿者队伍从最初的十几人发展到241人,国网天津蓟州公司全体职工及家属也组成了庞大的助农爱心群体,为每一次爱心活动出钱出力。

"电力红马甲、山路带货人"乡村助农志愿服务项目最终荣获第十三届中国青年志愿者优秀项目奖,这项荣誉也让这些年轻人感到了更大的责任。国网天津蓟州公司"大山里行走的红马甲"志愿服务队将持续弘扬奉献、友爱、互助、进步的志愿服务精神,加强与帮扶村的联创共建,在"一村一品一产业"的帮扶新格局上下功夫,在巩固拓展脱贫攻坚成果与乡村振兴有效衔接的过程中，激励年轻人投入更大的激情和努力。

深化维护与管理
丰富品牌体验

国网天津蓟州公司用好用足蓟州爱国主义教育基地，开展特色美育课程，策划品牌接触活动，持续增强公众对"大山里行走的红马甲"的品牌记忆。

"大山里行走的红马甲"志愿服务队来到东二营镇，带领着帮扶村的孩子们到民间工艺美术大师于庆成先生的工作室开展了"绿色低碳、乡村之美"美育课活动。"在孩子们来之前，我曾经怀疑，泥塑中的艺术表达孩子们能学会吗？但是看到孩子们的作品以后，我觉得我之前的怀疑是多余的。"于庆成老先生说，"孩子们的作品天真、自然、执着，那种稚气和朴拙甚至是我做不出来的。"活动中，孩子们亲手制作泥塑，参观烧制泥塑的电窑，聆听于庆成先生讲述窑炉从煤窑到电窑的发展历程；队员们也为孩子们讲解了电力相比煤炭在清洁和能源利用上的优势。通过体验式课程，加深了孩子们对乡村文化传承的认识，也让低碳生活、清洁能源对乡村的意义变得更加生动、立体。

"绿色低碳、乡村之美"美育课是"大山里行走的红马甲"志愿服务队根据山里孩子的特点专门设计打造的。他们将继续推进美育课活动，组织孩子们进行能源替代和艺术创作游学，让孩子们成为大山里的绿色"宣传官"。

国网天津蓟州公司推进融合发展的全面品牌体验管理。"大山里行走的红马甲"志愿服务队通过开展"低碳生活、乡村之美"项目式研学活动，组织孩子们发掘和记录乡村中的勤俭节约行为，以研学代替宣

文化驱动"群体先进"培育——"大山里行走的红马甲"品牌建设实践

传,使孩子们树立节约意识,为贯彻推动"双碳"目标落地做出贡献。志愿服务队通过组织孩子们参观光伏发电厂、用电窑制作泥塑、搭建光伏房屋模型、制作蓝晒作品,亲身体验低碳生活和乡村之美。通过品牌体验,公司传播了品牌理念,讲述了品牌故事,让公众与品牌情感连接,提升了品牌文化共识。

讲好品牌故事

国网天津蓟州公司以受众情感诉求为创作起点,创造有深度、有温度的品牌故事,策划全媒、全时传播,激发群众情感共鸣,多角度展现公司品牌形象。公司积极参加国资委、中国质量协会、国网公司品牌故事征集评选活动,以赛促学、以赛促干,进一步提升群众对公司品牌理念的感知度。

国网天津蓟州公司立足新方位、把握新坐标、研究新规律、拿出新

"绿色低碳、乡村之美"美育课活动

第五章 品牌文化传播

举措、解决新问题，充分发挥宣传工作对内凝心聚力、对外塑造形象的重要作用，推动宣传思想工作创新强起来，为各项事业的顺利开展创造良好舆论环境，提供强大精神力量。同时，由于受到社会各界及各类媒体的高度关注，公司媒体管理及宣传工作面临的形势更加复杂和严峻。当前公司正处在改革发展的关键时期，需要对外树立良好形象，争取社会各界理解和支持；对内传播公司党委声音，反映改革发展辉煌成绩，营造良好工作氛围。

国网天津蓟州公司积极参加国资委、中国质量协会举办的品牌创新大赛，"大山里行走的红马甲"相关视频、征文作品在天津赛区荣获一等奖1项、二等奖3项、三等奖1项，在《人民日报》客户端、"学习强国"学习平台、新华网、中国农业信息网站上发表《一小时一千斤》《致敬帮扶第一书记》《走在幸福的大街上》等文章1000余篇，促进国家电网品牌影响力持续提升。

主流媒体是大众获取"大山里行走的红马甲"志愿服务队相关信息最重要的渠道，公司官方网站和官方微信公众号作为传播信息的第一手渠道，在广泛满足用户需求、树立公司品牌形象方面发挥关键作用。依靠媒体，方能讲好品牌故事。要纵深推进媒体融合，拓展品牌传播渠道；构建全媒体传播体系，以个性化制作、可视化呈现、互动化传播的方式，打造接地气、有温度的融媒体作品。

品牌声誉领先的公司能够赢得各方的利益认同、情感认同和价值认同，品牌声誉是夯实保障公司发展的社会基础。近年来，国网天津蓟州公司加强品牌形象塑造，夯实品牌品质，将不断提升的自主创新能力作为品牌发展的核心竞争力，将不断超越的服务质量作为品牌发展的坚强基石，注重企业文化创造和品牌认知、品牌联想、品牌美誉输出。公司为客户提供优质服务，坚持用户至上，重视用户感知，创新品牌体验，

文化驱动"群体先进"培育——"大山里行走的红马甲"品牌建设实践

持续提升利益相关方对公司品牌的认知。公司进一步强化"大山里行走的红马甲"品牌认知、品牌联想，提升品牌美誉度，促使负责任央企形象渐入人心。

强化品牌管理

国网天津蓟州公司持续推进"大山里行走的红马甲"品牌常态化管理，将品牌管理作为增强品牌创新的第一动力、提升品牌价值的重要环节、构建品牌生态的关键途径。公司强化品牌管理实践，基于品牌架构，明确品牌状况、品牌特征和品牌价值；强化品牌价值提升实践，加强品牌价值评价研究，以规范化的管理体系、实体化的运营体系，实现品牌管理支撑、品牌价值评价、品牌成果展示和品牌理论应用。

公司开展品牌形象社会认知度调研，提高品牌融入业务、融入实践的水平。跟踪世界一流品牌发展的新趋势、新特点，借鉴品牌价值评价国际标准，提升品牌实力。

公司加强品牌维护，从品牌认知、利益相关方对品牌的影响、公众沟通与品牌形象诉求、公众品牌接触点、业务发展与社会问题相关性等五方面，加强风险管控，制定品牌危机处置预案；基于融媒体平台，完善舆情监测体系，健全舆情快速反应机制，实施舆情风险分级分类管理，完善舆情处置分工协作和实时联络机制，提高舆情发现力、研判力，及时发现、快速应对、妥善处置舆情，确保品牌声誉不受损害。

创新发展与实践

国网天津蓟州公司聚焦品牌价值领先，深化品牌理念，提升品牌管理水平，强化品牌形象塑造，充分发挥品牌建设工作挖掘价值、传播价值、提升价值的功能，构建共建共赢的品牌生态，推动公司与社会各界建立基于利益认同、情感认同和价值认同的信任关系，增进发展共识，凝聚发展合力，全面提升公司品牌美誉度和影响力。

增强品牌架构建设生态化。公司聚焦能源互联网发展，有效整合品牌资源，推动品牌和业务深度融合，提升品牌资源运用效率，更好地协调、优化公司企业生态圈伙伴关系，形成具有协同效益的生态价值链，为产业链发展创造更大机遇和空间，扩大品牌影响力。公司强化母子品牌协调发展，以企业主体价值创造最大化为导向，逐步建立"国家电网"品牌与各子品牌同频共振、互补发展的机制，最大化提升母子品牌价值，积极发挥子品牌对"国家电网"品牌增值、提质、优化、美誉的反哺作用，推动公司品牌资产价值不断提升。

"大山里行走的红马甲"志愿服务队以弘扬奉献、友爱、互助、进步的志愿服务精神，主动服务天津市蓟州区26个乡镇村民，积极探索"志愿服务+安全+绿色+社会责任"等服务内容，以实际行动助力乡村振兴，汇聚成了志愿服务的青春暖流。

2020年8月5日，天津市首座100千瓦级光伏扶贫电站在蓟州区大街村正式启用。大街村党支部书记代浩杰说："这是我们的'阳光存折'。"国网天津市电力公司和国网天津蓟州公司发挥行业扶贫优势，针对大街村光照充足、环境适宜等优势，建设了这座100千瓦级光伏电站，项目投产后年发电量约为11万度，资产无偿移交给村委会，按照所发电力50%自用、50%上网计算，可永久性为村集体每年增加收入约5.26万元。

邦均镇大街村村民杨德山种植了10多年的树苗，随着种植户越来越多，树苗的价钱不断下跌。2020年赶上疫情，树苗的价格只有往年的30%，这可愁坏了以种植树苗为生的村民。"大山里行走的红马甲"志愿服务队、驻村帮扶组和村干部联合为村集体园林绿化公司拉订单，一次就帮杨德山销售了130棵卫矛球树苗，创收11 000元。借着开发休闲

文化驱动"群体先进"培育——"大山里行走的红马甲"品牌建设实践

农场的机会，村民孙天坤承包了山上100亩山地，养了500头黑猪，散卖猪肉利润不高，"大山里行走的红马甲"志愿服务队为其量身打造"百亩地"黑猪肉品牌，进行深加工，制作碗肉礼盒，成为大街村村民走亲访友必选的特产之一。邦均镇是华北地区最大的苗木产业基地，村支书说："我们绝不以经济换生态，而是充分发挥地域优势，结合苗木种植的产业优势，进一步提高村集体和村民经济收入，提升困难村'造血'功能。""大山里行走的红马甲"志愿服务队提出多项措施以壮大村集体经济，经过与"村两委"、群众代表进行研究并请示属地政府同意，在村内道路两旁、办公场所旁的空地，以村集体名义种植苗木。"大山里行走的红马甲"志愿服务队、驻村工作人员与村干部一起以村集体名义注册成立园林绿化公司，通过承接园林绿化、苗木批发、劳务分包等业务，园林绿化不断发展壮大，助力村集体经济健康长效发展。针对大街村旅游资源丰富的特点，志愿服务队又因地制宜，帮助村集体成立旅游发展公司，在现有的"一亩地"休闲农场的基础上，进一步扩大规模，建成集观光、采摘、休闲、会议于一体的综合旅游产业发展项目，提高了村集体经济收入，让村民吃上了"生态饭"。

20年前，党员陈桂芬住在大街村西头。由于和其他几个村子相交错，大街村成了"村中村"，连垃圾池都是3个村共用一个，村民们分散居住在不同区域。"住得散，大家的心也散了，各顾各的，哪有心思集体致富啊！自从帮扶组和'大山里行走的红马甲'来了，把村里的党员又重新聚起来，建设了党群服务中心，大街村党员终于有家了！"如今87岁的陈桂芬耳不聋、眼不花，说起话来思路清晰。

过去，大街村党组织常年不开展活动，党员老龄化，60岁以上的老人占70%，多年来未发展过新党员。如今，大街村通过村级组织换届选举，选优配强村"两委"班子，班子成员由原来的2人扩充到6人。同时，积极发展优秀村民入党，党员发展到了 18 人，另有 5 名入党积极分子。党组织壮大了，大街村党支部积极深化开展支部结对共建活动，与国网天津蓟州公司各党支部签订结对共建协议，公司发动党员围绕产业增收、环境美化、乡村文化等方面与村支部共同开展主题党日活动，解决村里的实际困难。

为帮助村里困难群体渡过难关，公司驻村帮扶组与大街村党支部搭建两个基金平台，利用义卖、爱心捐款等方式筹集资金，设立帮扶助困基金，以无息借款的方式为有创业意愿的困难群众提供小额资金支持，将有限的资金循环利用。这个"小额贷款"为村民王秀芝家带来了新的转机。2020 年 4 月，王秀芝家遇到困难，原本扩大养殖业的计划落了空，了解情况后，驻村帮扶组为她带来 5000 元小额无息贷款，帮助王大姐买了 6 只小尾寒羊。"我家扩建了羊舍，新买的小尾寒羊也下了崽，原本两年的小额贷款，我只用了 4 个月就还上了，还赚了 3000 元。"王秀芝指着还款合同高兴地说道。

一个品牌的生命力在于其价值与时代主题紧紧相扣。优秀的品牌需要服务新发展格局，用一个个具有时代记忆的品牌故事塑造责任央企、创新央企、开放央企的品牌形象，为企业发展营造良好的外部大环境。品牌作为无形资产，具有无限的生命力。如今，"大山里行走的红马甲"品牌引领作用充分彰显，品牌建设水平显著提升，品牌影响力日益扩大，不断赋能企业高质量发展，助力实现品牌强企建设。

第六章　群先风貌彰显

第六章　群先风貌彰显

第一节　先进集体带动整个群体

党的十八大以来，习近平总书记高度重视发挥榜样人物的示范引领作用，通过榜样示范净化党风政风、引领先进文化、促进时代发展。国有企业培树典型、弘扬先进精神是对中华文化的传承与发展，符合新时代党对国有企业发展的要求与期待，彰显国有企业队伍的忠诚与担当。近年来，国网天津蓟州公司党委坚持以习近平新时代中国特色社会主义思想为指导，深入贯彻国有企业党建工作会议精神，按照国网天津市电力公司党委关于党的建设新思路、新要求、新部署，瞄准"旗帜领航"党建工程，聚焦"什么是先进典型、怎样培育先进典型""建设什么样的队伍、怎样建设队伍""企业实现什么样的发展、怎样发展"等新时代国有企业面临的课题，突出国有企业发展中"人"这个最活跃的关键要素的作用，展现了从"个体先进"向"群体先进"拓展的风貌。

2022年5月10日上午，庆祝中国共产主义青年团成立100周年大会在北京人民大会堂隆重举行，中共中央总书记、国家主席、中央军委主席习近平出席大会并发表重要讲话，习近平的讲话在天津广大青年志愿者中引发强烈反响。

国网天津蓟州公司"大山里行走的红马甲"志愿服务队队长徐璐说："总书记的讲话振奋人心，为我们指明了前进的方向。作为一名国网天津蓟州公司青年，我要坚定不移听党话、跟党走，在'国网强国'重大发展战略中施展抱负、建功立业，在电力事业发展的青春赛道上奋力奔跑，争当伟大理想的追梦人、伟大事业的生力军。"她表示，自己

文化驱动"群体先进"培育——"大山里行走的红马甲"品牌建设实践

作为青年志愿者，今后将脚踏实地地做好志愿服务工作，践行总书记提到的"越是往前走、向上攀，越是要善于从走过的路中汲取智慧、提振信心、增添力量"，让"大山里行走的红马甲"服务品牌焕发新时代风采！

"大山里行走的红马甲"青年志愿者杨洋听完习近平总书记的重要讲话后深受鼓舞、倍感振奋。他说："冬奥会期间，我作为一名志愿者、一名国网营销员工，有幸同广大电力青年一道服务冬奥盛会，更加深刻地体悟到了何为'国之大者'，何为'中国力量'。同时，我也看到了一代代团员青年在党的领导下、在团组织的带领下为党和人民事业矢志奋斗的良好精神风貌。青年者，国家之魂，新时代的中国青年，生逢其时、重任在肩。我将始终牢记习近平总书记的重要讲话精神，以民族复兴为己任，自觉把人生理想、家庭幸福融入国家富强、民族复兴的伟业之中，做新时代的追梦人，坚定不移听党话，矢志不渝跟党走，团结带领广大团员青年到祖国和人民最需要的地方建功立业，把忠诚书写在党和人民的事业中，把青春奉献在工作岗位上！"

"大山里行走的红马甲"青年志愿者梁妍激动地说："习近平总书记在庆祝中国共产主义青年团成立100周年大会上的重要讲话让我备受鼓舞。习近平总书记曾经强调，志愿服务是社会文明进步的重要标志，是广大志愿者奉献爱心的重要渠道，要为志愿服务搭建更多平台，更好发挥志愿服务在社会治理中的积极作用。作为一名基层青年志愿者，我定会牢记总书记的殷殷嘱托，团结带领'大山里行走的红马甲'志愿者们，在党建引领工作中深耕细作、开拓创新，谱写出新时代属于青年志愿者的五彩华章。"

张坤是国网天津蓟州公司青年员工，也是"大山里行走的红马甲"青年志愿服务队管理员。他表示，有责任、有担当，青春才会闪光。作为新时代的青年志愿者，自己将牢记总书记嘱托，担当实干、多务实功，勇于到艰苦环境和基层一线去担苦、担难、担重、担险。以青年之责扬志愿之帆，以电力之为彰显央企担当，在中华民族伟大复兴的新征程中擦亮青春最亮丽的底色。

习近平总书记在庆祝中国共产主义青年团成立 100 周年大会上指出："广大团员青年主动作为、勇挑重担，哪里最困难、哪里就有团的旗帜，哪里有需要、哪里就有团员青年的身影。"国网天津蓟州公司的青年志愿者们牢记总书记的教诲，立足岗位，履职尽责，积极探索志愿服务的专业化、制度化、常态化发展模式，发挥志愿服务在社会治理中的作用，以奋斗之姿在青春的赛道上跑出最好成绩。

"大山里行走的红马甲"志愿服务队到现在已经走过了 14 年的征程，他们用脚步丈量大山，用行动传承信仰，用真情服务百姓，用 14 年的忠诚和坚守、责任和奉献，诠释着对渔阳大地（蓟州，古称渔阳）和人民的热爱。他们是点亮万家灯火的光明使者，他们是为民增收的青年先锋，他们是关爱百姓的电网卫士，他们就是国网天津蓟州公司"大山里行走的红马甲"志愿服务队，也是国网天津市电力公司"群体先进"的一面旗帜。

成员是群体的核心

群体，也称为社群。群体包含群体规模、群体关系、群体规范及群体角色系统 4 个基本要素。其中，群体规模是群体结构中最直观、最外在的结构要素。群体规模的大小影响着群体的凝聚力、群体内部成员的行为和群体的构成。德国社会学家齐美尔指出，任何一个社会结构的概念化核心都是结构，包括实体之间的关系和联结。群体又称为共同体，是基于共享共同价值观而聚集在一起的社会单位。其中群体的传统定义

文化驱动"群体先进"培育——"大山里行走的红马甲"品牌建设实践

"大山里行走的红马甲"志愿服务队部分队员合影

是一群彼此有互动且居住在共同区域的人，如今常用来指具有共同价值观或者因有共同地域关系而产生团体凝聚力的一群人。

群体之所以能够形成，是以若干人的共同活动目标为基础的，正是有了共同的目标，他们才能走到一起并彼此合作，形成一个有机的整体，每个成员都在群体中扮演一定的角色，有一定的职务，负一定的责任，并通过做好自己的工作而配合他人的活动，促使群体成为一个聚集着强大动力的活动体。

如今，在社区、在大山深处的村庄活跃着这样一个群体，他们身披红马甲，忙碌在社区、乡村的困难百姓家中，深入基层，以服务百姓、奉献社会为荣，他们就是"大山里行走的红马甲"志愿服务队，这个称呼是对国网天津蓟州公司所有志愿者的美称，正是有了他们默默无闻、真诚的服务，才不断推动了蓟州山区和谐氛围的形成。

"大山里行走的红马甲"志愿服务队从2008年成立之日起，一直秉持奉献、友爱、互助、进步的志愿服务精神，以实际行动践行习近平总书记"把促进全体人民共同富裕作为为人民谋幸福的着力点"的殷切嘱托,从脱贫攻坚到乡村振兴,从315个困难村到331个经济薄弱村,他们充分发挥电力服务全覆盖的优势,聚焦"三农",常态化开展"乡村电靓""乡村增收""乡村关爱"三项行动,用心用情服务农村、服务农业、服务农民,带领一大批电力青年演绎出新时代"人民电业为人民"的精彩篇章。

规模是群体的优势

一个集体的规模优势非常重要,数量有时候就是一种质量。一个集体规模越大,其资源优势往往越多。

规模优势带来的影响力

庄子在《逍遥游》中写道:"且夫水之积也不厚,则其负大舟也无力;风之积也不厚,则其负大翼也无力。"如果一个集体规模越大、影响力越大,在不存在代差的情况下,大集体本身的影响力是大于小集体的。近年来,"大山里行走的红马甲"志愿服务队先后荣获第七批全国学雷锋活动示范点、全国学雷锋"四个100"先进典范、第十三届中国青年志愿者优秀组织奖和项目奖等国家级荣誉6项,以及天津市优秀志愿服务团队等省部级荣誉6项。

也许有人会说,电力工作很普通、很平凡,但是,"大山里行走的红马甲"志愿服务队向我们展示了什么是电力员工、什么是平凡中的伟大!青翠山林里、田埂地头处、大街小巷间,你总能被点点鲜红吸引住,那一群身穿红马甲的年轻人,秉承"电力红马甲、点亮千万家"的服务理念,深入推进"我为群众办实事"实践活动。他们搭建设备帮农户直播带货,他们走访农家院开展安全用电培训,他们在冬季核查"煤改电"供暖设备安全隐患……一个个红色的身影,散落在蓟州山区,正

文化驱动"群体先进"培育——"大山里行走的红马甲"品牌建设实践

防疫关键时期直播卖苹果、核桃等农货

如一簇簇鲜红的火苗，种在了蓟州人民的心中。

从"大山里行走的红马甲"的志愿服务故事中可以看到，普通的岗位、平凡的工作，都不足以抵挡志愿者们发光发热。饱含心血、汗水与热忱，他们将深情送进了远山，展现了国家电网人的风采。青山不会忘记，绿水不会忘记，人民更不会忘记，那穿梭在山里林间、村庄小巷的身影，那一抹美丽的红色！

组织动员能力

集体规模优势不是万能的，一个集体除了看规模大小，还要看其组织动员能力。一个集体的组织动员能力集中反映在集体应对危机的能力上，体现在发生战争、瘟疫、地震、洪水、经济危机等突发情况时其如何应对上。

2020年新冠肺炎疫情暴发，这是一场没有硝烟的战争，也是检验党员初心使命的考场。疫情防控期间，国网天津蓟州公司服务队队员坚守岗位、冲锋在前、义不容辞。疫情发生以来，天津市蓟州区疫情防控形

第六章 群先风貌彰显

势趋于严峻，启动了多轮全员核酸检测。国网天津蓟州公司主动服务蓟州疫情防控大局，用心做好电力优质服务，全力保障防疫用电，积极参与志愿服务，配合地方政府开展疫情防控工作，为蓟州全区防疫定点医院、核酸检测点位提供供电服务，助力蓟州扎实筑牢疫情防控屏障。

"我们根本不敢想象能在1天内实现送电，连续两天全员核酸，新投运的设备大大缓解了我们核酸检测基地的压力，太感谢了！" 2020年5月23日，蓟州区人民医院后勤部许主任对上门服务的国网天津蓟州公司城区供电服务中心共产党员服务队充满感谢地说道。

国网天津蓟州公司城区供电服务中心在接到蓟州区卫健委新建核酸检测基地的供电任务后，立即安排高压业扩专业人员刘鼎和刘伟到现场勘查。城区供电服务中心共产党员服务队上门为蓟州区人民医院配电设备开展红外线测温。"我们根据现场情况，为核酸检测基地新建变压器位置、容量、电缆走向等提供了方案。为保证以最快速度送电，同步开辟了业扩报装'绿色通道'，采取'特事特办''一事一议'等方案，

服务队队员为核酸筛查点开展安全检查

文化驱动"群体先进"培育——"大山里行走的红马甲"品牌建设实践

在保证用电安全、标准规范的前提下,当天就完成了送电。"回想起快速送电的过程,服务队队员们还是很骄傲的。送电后,为确保新投运设备安全可靠运行,国网天津蓟州公司对核酸检测基地用电设备、开关、线路等供用电设施运行情况和使用情况进行检查,为新投运变压器开展红外测温、负荷检测,确保设备用电安全稳定。

疫情防控期间,国网天津蓟州公司大力推广"网上国网"App 线上办电功能,实施办电资料、供电方案全程线上流转和服务跟踪,通过无直接接触的办电方式,保证客户和工作人员的防疫安全,推进"助产业、惠民生、促双碳"电力服务三十条举措落地实施,助力打赢疫情防控攻坚战。

"大山里行走的红马甲"志愿服务队也时常活跃在居民小区和核酸检测点,他们响应号召、积极行动,用坚守、担当、奉献筑起疫情防控的"红色屏障"。

班逸轩是"大山里行走的红马甲"志愿服务队中的积极分子,面对汹涌而来的疫情,他义无反顾地加入志愿防疫服务工作中。2020 年初新冠肺炎疫情暴发时,为了保障蓟州区医疗设备及居民生活的电力供应,公司调控中心紧急实施疫情工作制度,由于人手不足,在大年初二那天,班逸轩同志毅然走上工作岗位。为了保证每个社区都能严格把控出入人员的安全,班逸轩同志积极响应公司和蓟州区政府的号召,参与轮班值守社区、路口等的工作,白天坚守工作岗位,晚上轮班值守,严格完成把控任务。那段日子,他总是笑着说:"抗疫也是一场战斗,不取得最后胜利绝不收兵!"

入职 3 年的优秀团员梁妍是国网天津蓟州公司建设部的一名员工,工作以来,她积极参加"大山里行走的红马甲"志愿服务活动,单位组织的大大小小的志愿活动她一次都没有缺席过。梁妍同志多次主动参加新冠肺炎疫情防控工作，工作之余，她充分利用自己的休息时间，在区里组织全员核酸检测时主动冲在前线，维护核酸检测现场秩序，帮助医护人员进行封管工作，跟随医护人员、社区工作人员挨家挨户地为身体不便的居民做核酸检测。在寒冬时节，喷上酒精的防护手套不断吸取手的温度和水分，她的手指变得肿胀、僵硬、回弯困难。但工作不能停下来，居民们都在凛冽的寒风中排队等候，慢下几秒钟，居民们就要多排队几秒钟，梁妍咬牙坚持着，手僵住了就努力搓搓手，脚僵住了就用力跺跺脚，就算面罩上充满了因呼吸凝结而成的小水珠，她也不舍得浪费一秒钟去更换。在核酸检测期间，原本上门检测的队伍已回到检测点，但临时接到通知，一位刚完成手术的老人还未进行核酸检测，梁妍主动跟随医护人员及社区工作人员到达老人家中，为不便下楼的老人单独补测核酸。"寒风萧瑟送温暖，社区居民们理解我们的辛苦，为我们送上暖手袋和热水瓶，在检测结束后，我们还得到了小朋友们手写的感谢小纸条，一句'您辛苦了'驱走了寒冷和疲惫，留下的只有心中的温暖和快乐。""说不累是假的，但作为一名共青团员，就是要揣着一颗滚烫的心，这是团员的责任。"梁妍说道。

在国网天津蓟州公司，奋战在抗疫一线的志愿者还有很多，他们用实际行动践行着"人民电业为人民"的宗旨，他们为社区居民筑牢疫情防控屏障，让志愿精神在战"疫"一线发扬光大。

榜样是群体的示范

2022年是党的二十大召开之年，是开启新百年征程的一年，是向着第二个百年奋斗目标进军的关键之年。党的十八大以来，中国社会发生了翻天覆地的变化。全面小康，千年梦圆；科技强国，勇攀高峰；美丽中国，绿水青山……无论是乡间田野、城市巷陌，还是文艺舞台、体育

文化驱动"群体先进"培育——"大山里行走的红马甲"品牌建设实践

赛场，无数奋斗者的努力拼搏，汇聚成实现中华民族伟大复兴中国梦的强大洪流。中国共产党的百年奋斗历程，以"为有牺牲多壮志，敢教日月换新天"的大无畏气概，书写了中华民族几千年历史上最恢宏的史诗，在这一过程中，也缔造了无数令人骄傲的伟绩。

习近平总书记在 2020 年全国劳动模范和先进工作者表彰大会上指出："我国工人阶级和广大劳动群众是国家的主人，要发扬优良传统，承担历史使命，把党和国家确定的奋斗目标作为自己的人生目标，以民族复兴为己任，自觉把人生理想、家庭幸福融入国家富强、民族复兴的伟业之中，做新时代的追梦人。"光荣与梦想同在，奋斗与追求并进，"大山里行走的红马甲"志愿服务队抢抓发展新机遇，豪情满怀地朝着高质量、高品位、有特色的先进集体阔步迈进。

加强典型培树、展现群体先进风貌是对中华文化的传承发展。做好典型培树和宣传工作，是一个集体激发活力、凝聚精神、扩大影响的重要手段，具有不可替代的示范、激励和引导作用，有利于形成正确的思想和行为导向，引导党员、群众树立正确的价值观，充分调动大家的积极性和创造性。张军生就是一位永葆共产党员本色的服务队队员，他不仅积极参加志愿服务活动，还认真努力工作，被评为天津市劳动模范。他曾积极配合"多经"企业，做好规范主业与多经关系工作，及时按标准缴纳社保资金，做好人力资源管控系统、人资 ERP 系统正常运行及维护工作。他在自己的工作岗位上兢兢业业、刻苦钻研业务，按照天津市电力公司统一部署，完成了分公司供电定员预算上报、优化人力资源配置方案和二级机构设置方案编制上报，以及劳务派遣用工分析测算和规范农电工管理方案上报等多项工作。

从"个体先进"向"群体先进"拓展升级，重视充分发挥榜样人物示范引领作用的重要实践，也是国企人彰显忠诚和担当的价值呈现。国

第六章　群先风貌彰显

网天津蓟州公司注重用新时代雷锋工程强化铸魂育人，用时代楷模张黎明事迹引导职工，激励党员创先争优。欧干新就是通过严谨的选树培养脱颖而出的一名优秀共产党员。他先后荣获"天津好人"、蓟州区第一届"十大杰出青年"、蓟州区"优秀共产党员"等各类荣誉称号，获得国家发明专利达 30 余项。他带领专业管理人员，累计为蓟州地区争取配网改造资金超过 21 亿元。他在疫情防控期间勇于坚守、担当奉献的事迹被新华网、北方网等众多媒体报道，个人也被授予天津市电力公司"黎明式员工"荣誉称号。以他为主要成员的共产党员服务队获天津市文明办、市总工会联合颁发的"优秀志愿者服务团队"荣誉称号。2019年，该服务队被中央电视台誉为"用脚步丈量群众百姓需求的党员突击队"，其优秀事迹在中央一套《晚间新闻》进行报道。作为电力工作者，他勇担服务地区经济社会发展的重任，架起电力与地方企业、政府的"连心桥"。

国有企业榜样人物是对革命文化突出英雄气概的创新转化。在革命年代，不断涌现的战斗英雄、民族英雄、劳动英雄等，彰显了中华民族大无畏的英雄气概。国有企业榜样人物继承和弘扬了革命先辈的英雄气概，在急难险重任务的"练兵场"上他们冲锋在前、示范引领，在平凡的工作岗位上他们做出不平凡的贡献，成长为企业改革发展的"脊梁"。他们的事迹、精神是激励我们前行的强大动力，是我们克服困难、披荆斩棘的精神力量。

蓟州地区是红色革命老区，在中国共产党的领导下，蓟州军民积极参加冀东大暴动，创建了冀东西部著名的盘山抗日根据地，其间发生了许多可歌可泣的英雄故事。红色资源是我们党艰辛而辉煌奋斗历程的见证，是我们砥砺初心、勇担使命的不竭动力。依托红色资源优势，国网天津蓟州公司在盘山供电服务中心建设红色供电所，用活红色资源，持续推动党史学习教育常态化、长效化，着力打造具有红色基因的数字化五星级供电所，把伟大的红色精神融入乡村振兴战略中，打造红色文化长廊，入脑入心学出深度、用心用情干出温度，勇担责任，当好电力"先行官"。

理论来源于实践，中国特色社会主义伟大实践是各种模范人物诞生的沃土。国网天津电力"时代楷模""改革先锋"张黎明的成长离不开企业的孕育，他也将成为一面旗帜，带领更多员工成为社会主义先进文化的践行者，成为劳动群众的杰出代表。从"个体先进"向"群体先进"拓展升级，是对企业改革发展过程中先进典型特有精神品质的总结升华，对社会主义实践中诞生的模范人物之精神的继承和弘扬。国有企业群体先进队伍的不断壮大既是社会主义先进文化的生动体现，亦将不断丰富中国特色社会主义先进文化的时代内涵，彰显中国特色社会主义伟大实践的光荣历程和精神风采。

第二节　先进之我带动我之集体

国有企业锻造先进群体彰显了典型培树的时代特性。国网天津蓟州公司在探索"个体先进"向"群体先进"拓展升级的实践中，不断深化对习近平总书记在全国国有企业党的建设工作会议上讲话精神的领悟和实践，紧扣国企责任和使命，围绕如何塑造国企队伍的心智模式、行为模式和如何提高新时代国企队伍建设质量的规律性认识，进行思考探索，从"历史性""政治性""人民性""斗争性"四个维度，呈现出国有企业以锻造先进群体、强化典型培树的时代特性。

传承与借鉴的有机结合

共产党员服务队实行的志愿服务以自愿、无偿为前提，以弘扬志愿精神为核心，把服务他人、服务社会与实现个人价值有机地结合起来，体现着公民的社会责任意识，是人们自觉为他人和社会服务、共同建设美好生活的生动实践，是现代社会文明程度的重要标志，是新形势下推进精神文明建设的有效途径。

鲜明的"历史性"

中国共产党的百年发展史是一部苦难辉煌史，是党带领全国人民争取民族独立、人民解放和实现国家富强、人民富裕的艰辛创业史。党的十八大以来，先进文化紧紧围绕中国梦的实现、以培育和践行社会主义核心价值观为主线开展，表现为为实现中华民族伟大复兴中国梦的拼搏奋斗精神，先进模范涵盖的范围更加宽泛，崇尚先进、争做先进的氛围愈发浓郁。追溯国网天津电力发展历史，毛泽东主席曾在1950年、1958年两次关怀天津电力事业，在1950年给时任燃料工业部部长陈郁同志的回信中对电力员工提出殷切期待，1958年在天津电力技术展览上专门了解带电作业工具。自十八大以来，习近平总书记分别于2013年、2019年两次视察天津电力工作，并先后来到一线供电服务场所，听取张黎明同志配网带电作业机器人研发工作汇报，勉励国家电网人继续努力、再创新高。两代国家最高领导人的关心，让天津电力全体职工在传承历史中更加珍惜机遇、更加懂得奋斗。

国网天津蓟州公司组织"大山里行走的红马甲"志愿服务队，打造"红马甲"党史宣讲团。蓟州作为冀东人民抗日武装大暴动的主战场，有很多无名烈士安葬于此，但是由于地处深山，很多红色教育基地没有

文化驱动"群体先进"培育——"大山里行走的红马甲"品牌建设实践

"红马甲"党史宣讲团队

讲解员，为了更好地讲好红色故事、传承红色精神，"大山里行走的红马甲"志愿服务队组建了"红马甲"宣讲团，为参观者提供讲解。两年来，"大山里行走的红马甲"志愿服务队为国网天津市电力公司党委理论中心组、兄弟单位党委理论中心组实地学习提供义务宣讲3次，深入学校、社区、乡村等提供义务宣讲40余次，让蓟州红色文化真正"走出去"。

鲜明的"政治性"

国网天津蓟州公司始终把旗帜鲜明讲政治作为第一要求，把学习宣传贯彻习近平新时代中国特色社会主义思想作为首要政治任务，通过不断完善政治理论学习方式、政治考察模式，推动全体党员干部把忠诚融入思想和工作。公司积极开展新时代理论宣讲，统筹党员干部、党校教师、先进典型、青马学员骨干力量，通过理论宣讲、人物访谈、经验分享、建功实践等形式，引导广大干部职工深刻领悟"两个确立"的决定性意义，坚定做到"两个维护"。

"大山里行走的红马甲"志愿服务队已经成立14年了，服务队队员们自觉地把弘扬"红马甲"精神作为前行的最大动力，深刻把握讲政治的重大意义，站稳政治立场，保持政治定力。他们认为，弘扬"红马甲"精神，就是要从中汲取蓬勃向上的力量。

2020年新冠肺炎疫情暴发时，国网天津蓟州公司组织"大山里行走的红马甲"志愿服务队队员，担负起政治责任，积极投身疫情防控阻击战。自新冠肺炎疫情防控一级响应工作启动以来，"大山里行走的红马甲"志愿服务队队员迅速响应团委号召，65名青年员工积极踊跃报名，按照区委、区政府的要求，主动对接天元小区等6个无物业小区，实施24小时值班值守。

刚开始的时候，大家只能裹着大衣睡在车里，后来政府给值班棚配备了两张轮值休息的硬板床和抗击寒冷的"小太阳"，几件小伙伴们东拼西凑的"家具"填充了这十几个小伙子临时的家，最终他们圆满完成了为期73天的值班值守任务。

在抗疫的艰苦时刻，队员们主动担当。有几个同事的家属是蓟州区人民医院的医生，从他们那儿大家了解到即将赴武汉志愿抗疫的白衣天使们仍缺少口罩等医疗物资，服务队立马就组织了"你冲锋陷阵，我保驾护航"的志愿服务活动，号召公司全体员工及家属自发捐赠口罩，仅仅一天的时间就募集到了1000多个N95口罩，并马不停蹄地捐赠给蓟州区人民医院，保障了即将奔赴前线的白衣天使的安全。

2021年开展常态化疫情防控工作后，为保障大规模核酸检测期间蓟州电网整体运行平稳，"大山里行走的红马甲"志愿服务队分18个服务小组坚守防疫一线。服务队主动对接479个防疫采样点，针对区疫情

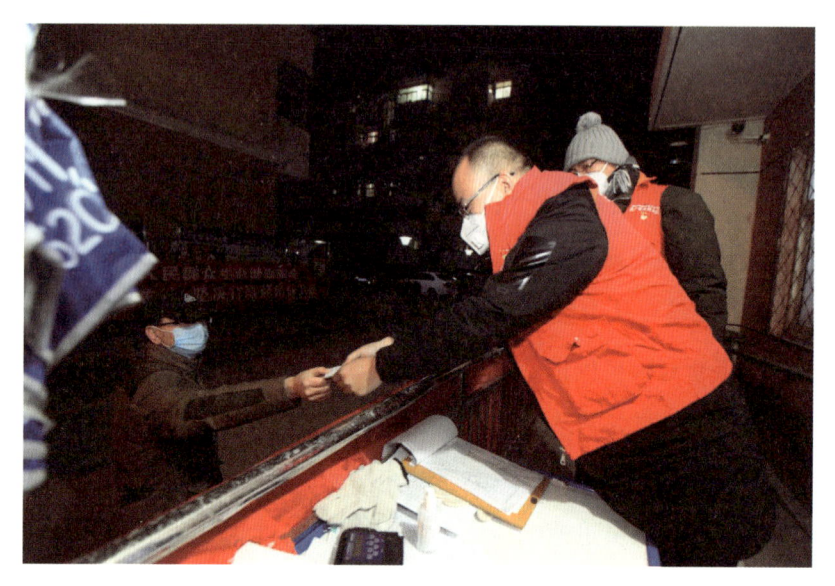

文化驱动"群体先进"培育——"大山里行走的红马甲"品牌建设实践

队员们在天元小区做疫情防控志愿者

防控指挥部、医院发热门诊、核酸筛查点等重点民生点位开展供用电安全保障工作，通过电网运行方式分析调整，对核酸检测点、医院发热门诊和防疫隔离点位采用最小化方式运行，并制定故障倒路供电方案，确保发生故障时快速进行负荷切倒。服务队加强输配电线路及通道等巡视看护，严防外力破坏，做好应急抢修准备工作，确保发电车保持良好状态。服务队以"党有号召、团有行动"的优良传统，在津城疫情防控和供电保障中积极发挥青年生力军和突击队的作用。

鲜明的"人民性"

真正的榜样应该是踏踏实实、全心全意为人民服务的典型，体现的精神就是"坚持立党为公、执政为民，做到权为民所用、情为民所系、利为民所谋"。国网天津市电力公司始终坚持"人民电业为人民"的企业宗旨，以服务地方经济、社会发展和人民满意用电为己任，出台政策、创新载体，发布"三新三服、30项举措"，推出"获得电力新'双十条'"举措，助力天津入选全国营商环境评价标杆城市。国网天津蓟州公司通过创新居民房屋与电力过户联办、直播带货解决滞销农产品难题、设置独居老人"电力关爱码"等服务手段，打通服务的"最后一公里"。

鲜明的"斗争性"

中国共产党一路走来就是在斗争中求得生存、获得发展、赢得胜利。当前，我们正朝着第二个百年奋斗目标迈进，实现伟大复兴的中国梦，不仅需要在物质上强大起来，还需要发挥榜样强大的精神引领作用。

很多"大山里行走的红马甲"志愿服务队队员也是党员服务队的队员，他们将志愿服务中的精神和劲头带到党员服务队各项工作中去，聚焦服务决战脱贫攻坚、乡村振兴、区域协调发展、生态环境保护、社会公益等领域，推进服务队工作成为践行"人民电业为人民"企业宗旨的重要实践。在政治服务方面，尤其是在重大活动、重要时期，他们全力保障电网安全稳定运行和重要用户可靠用电。在抢修服务方面，他们聚焦客户需求，提高响应能力和抢修效率，缩短停电时间，全力做好抢修恢复工作。在营销服务方面，他们优化服务模式，开展"互联网＋营销服务"，提供"一站式"服务，满足客户多元化用电需求，促进营商环境不断优化。在志愿服务方面，他们推行便民利民举措，提供用电隐患排查、优化用电指导等服务，并积极开展走访慰问、爱心奉献、扶弱助困等公益性服务。在增值服务方面，他们满足客户多样化、差异化需求，主动帮助客户解决实际问题，深化延伸服务，提高客户的获得感和满意度。

党员服务队在优质服务方面也形成了特色亮点。他们坚持优质服务，推进营商环境改善，主动对接重点工程，针对区重点工程和特色项

文化驱动"群体先进"培育——"大山里行走的红马甲"品牌建设实践

目,定期开展服务工作,积极推行"三零、三省"服务以及用电业务"一证办理""一次办好"等工作。他们为在建业扩重点工程项目开辟绿色通道,设立现场服务指挥部,及时协调解决报装过程中的问题和困难,加快报装效率,帮助用户早日投产送电。服务队主动服务重要用户,深入开展"双进双服"活动,主动对接重要用户、重点用户和园区用户,采取收集信息"准"、宣讲政策"透"、解决问题"实"的"三步工作法",积极走访10千伏及以上大工业和一般工商业客户,全面了解企业经营情况及用电需求,为企业提供精准用电服务。他们不断优化服务举措,依托社区服务"红色网格",开展"电力网格联融共建"行动,服务队队员主动上门走访用户,为其定制"上门办电+便捷购电+用电检查"三位一体"惠民服务套餐",优化服务、简化流程,保障用户用上安心电、安全电。

继承与创新的有机统一

继承不是照搬照抄,而是加以合理取舍;创新不是离开传统另搞一套,而是对原有事物合理部分发扬光大。正确处理"继承"与"创新"的关系,应该立足于"继承",着力于"创新",使继承与创新有机统一起来。

百年正青春,奋斗许岁月以不朽的荣光。2022年是中国共产主义青年团建团100周年,新时代的中国青年们不仅善于用眼睛发现中国精神,还在实践中为中国精神赋予时代内涵和生机力量。

"大山里行走的红马甲"志愿服务队在公司党委的坚强领导下,始终以地域特色为出发点,以助力脱贫攻坚和乡村振兴为主线,实施"乡村电靓""乡村增收""乡村关爱"三大行动,精准服务蓟州村民需求,在津北山区汇聚起了志愿服务的青春暖流,全面彰显公司群体先进风貌。

与人民一起奋斗的青春更亮丽，与人民一起前进的青春更昂扬。10多年间，"大山里行走的红马甲"志愿者们将青春的印记，镌刻在高山原野中，镌刻在乡村小路上，镌刻在每一寸土地上。"民之所忧，我必念之；民之所盼，我必行之。"这群年轻人满怀对祖国和人民的赤子之心，践行着"青春向党、不负人民"的铿锵誓言。

为贯彻党的十九大精神，建设服务型党组织，培育和践行社会主义核心价值观，国网天津蓟州公司不断丰富服务内涵、拓展服务外延，全面启动了"大山里行走的红马甲"志愿服务体系建设，通过建强机制、精准发力，提升志愿服务质效。国网天津蓟州公司搭建了学习平台，开展了一系列卓有成效的岗位建功活动，让员工在奉献中对标先进，营造了崇尚先进、学习先进、争当先进的浓厚氛围。

第三节　先进路上永无休止

在蓟州这片沃土上，每个时代都涌现出了楷模，"大山里行走的红马甲"志愿服务队的成立，让群体先进更加深入人心，真正体现了共产党人的风采和品质，做到了心中有党、心中有民、心中有责。

从现象到效应，从精神到文化，"大山里行走的红马甲"是国网天津蓟州公司先进群体精神的体现，是蓟州电力一张靓丽的名片，是一笔宝贵的精神财富，是鼓舞国网天津蓟州公司实现高质量发展的巨大动力。公司会持续发挥好先进群体这张亮丽名片的辐射作用。

文化驱动"群体先进"培育——"大山里行走的红马甲"品牌建设实践

忠诚与担当是团队品格

党员干部要练就忠诚、干净、担当的过硬政治品格，新时代青年要锻造成担当大任的栋梁之材，坚定理想信念是首要前提。

何为理想信念？理想信念是共产党人的政治灵魂，是共产党人的精神支柱，是保持党团结统一的思想基石。青年才俊理想信念坚定，意味着有强大的精神支柱、政治灵魂，关键时刻才能应对复杂考验，才能走得稳、走得远。

坚定理想信念，方能旗帜鲜明地讲政治。回望党的百年奋斗历程，无数共产党人不惜抛头颅、洒热血，也绝不背叛心中的理想信念，站在绞刑架前的李大钊，发出"共产主义在中国必然得到光辉的胜利"的誓言；面对敌人的屠刀，夏明翰写下"砍头不要紧，只要主义真。杀了夏明翰，还有后来人"的雄壮诗篇。进入新时代，我们虽然早已远离战火硝烟，但容易产生思想滑坡，患理想信念缺失的"软骨病"，因此必须牢固树立共产主义远大理想，坚定中国特色社会主义信念，让精神支柱更加坚固、政治灵魂更加强大，在面对重大政治考验时，始终保持一名共产党人的英雄本色，旗帜鲜明讲政治，对党和人民忠诚。

坚定理想信念，方能严于修身、担当使命。一代人有一代人的长征，一代人有一代人的担当，不变的是作为共产党人的理想信念。新时代新征程，摆在我们面前的使命更光荣、任务更艰巨、挑战更严峻，我们更应该坚定理想信念，练就忠诚、干净、担当的过硬政治品格，在新长征路上续写新篇章，创造新辉煌。

坚持培根铸魂，锻造过硬队伍。在时代楷模精神感召下，国网天津蓟州公司人人向前、个个争先，将先进个人优秀品质转化为整个企业的共同品质，先进群体不断壮大，逐渐形成了一支素质过硬的团队。

第六章 群先风貌彰显

这个优秀的队伍中逐渐涌现出许多先进人物。杨洋于 2012 年入职，在短短 4 年的工作经历之中，他荣获了管理创新三等奖（2013 年度）、实用新型专利证书（2015 年度）、国网天津市电力公司"先进个人"（2015 年度）、地市公司级优秀专家人才后备（2016 年度）、国网天津市电力公司劳动竞赛"先进个人"（2016 年度）等荣誉，并多次获评国网天津蓟州公司"十佳先进个人"；在国网天津市电力公司组织的营销专业竞赛调考中他进入三甲行列。李志东主要负责国网天津蓟州公司所辖 35 座系统站的关口计量装置现场检定工作，同时肩负着分公司计量装置准确性的监督管理，在首检、周检、抽检的工作中他本着精益求精、认真负责的态度，把好企业的一杆秤，确保分公司的利益不受损失。在"1001 工程"和全区"煤改电"工程的关键时期，为了打赢蓝天保卫战，他完成了 402 具计量装置安装、调试、验收一系列质量监督工作，提高了计量装置的准确性和数据传递的准确性，确保同期线损指标的顺利完成。

"蓟电情，卓越梦"，汇聚成磅礴的力量。新一代蓟州电力人正脚踏实地、开拓进取，投身于供电服务之中，挥洒青春无悔的汗水，共筑追求卓越的篇章。国网天津蓟州公司坚持培根铸魂、锻造过硬队伍，推动形成改革发展的生动局面。

坚持"六个力量"，勇当能源先锋。2018 年，为落实《加快美丽天津建设战略合作框架协议》，涵盖主网架完善提升、世界一流配电网建设、农村电网升级改造等九项任务的"1001 工程"全面启动，一批批补短板调结构工程建成投运。在"1001 工程"和"煤改电"工程中，"大山里行走的红马甲"志愿服务团队付出了努力、做出了贡献。

李辉自 2016 年 1 月以来一直担任国网天津蓟州公司建设部（物资管理中心）主任职务，他认真贯彻落实公司党委决策部署，带领建设部

文化驱动"群体先进"培育——"大山里行走的红马甲"品牌建设实践

工作人员充分发挥所管部门党员的先锋模范作用，部门全体党员均加入了"煤改电"工程党员突击队，立志为"煤改电"工程奉献自己的青春与热血。在日常工作中，他注重发挥党建引领的作用，通过攻坚解决实际问题，让党员的专业优势得到发挥、自身价值得到体现，让党建活动得到党员和群众的认可。

相信国网天津蓟州公司建设部的每一位员工都有这样的感触，每当路过"1001工程"10个新建、扩建变电站及配网"煤改电"8万户居民房时，都会情不自禁地回忆起当时热血奋战的场景。那段日子，建设部所有的员工几乎都没有休过周末，"1001工程"攻坚时刻，物资履约班担负着全公司所有成本和工程物资的计划申报审批、物资催交履约以及废旧物资处置等各项工作。他们以优良的工作作风和不怕苦、不怕累的工作热情，克服人少、工作烦琐的困难，出色地完成了物资供应保障，赢得了全公司员工的认可。建设部在公司各级领导的带领下，紧跟公司党委步伐，以"钉钉子"精神，圆满完成了公司交给他们的各项工作，高质量完成了目标任务，实现"十四五"良好开局，更好地服务蓟州区社会发展。

在这日新月异、欣欣向荣的背后，倾注了多少人的心血？今天的成绩又见证了怎样一种精神？为了"1001工程"能够早日竣工，建设部的每一位员工都为之忙碌奔走，他们以工作为重，以公司为家，风里来雨里去，披星戴月。为了工程建设，有的同志顾不上照顾自己的家庭，有的同志牺牲节假日陪伴家人的时刻，有的同志带病仍然坚守在工作岗位。他们的自我牺牲并不是因为他们不懂生活，而是因为对工作的执着和热爱，他们以无怨无悔、尽职尽责的实际行动，谱写着电力建设者的动人篇章。

"1001工程"的实施以及完美收官，为天津市蓟州区加快建设能源

第六章 群先风貌彰显

建功"1001工程"誓师大会

革命先锋城市，推动构建以新能源为主体的新型电力系统，最终实现碳达峰、碳中和目标奠定了坚实基础。

无私奉献是团队精神

九万里风鹏正举，新征程砥砺初心。新时代，正是青年干部大显身手的时期，青年干部应时刻做好乘风破浪、扬帆远航的准备，坚定理想信念，主动担当作为，提升干事能力，奋进新征程。

国网天津蓟州公司青年志愿者们在危急时刻彰显了青春力量与奉献精神。全区"大筛"的那段时间，这些志愿者们都是凌晨五点多就到检测地点，维持现场秩序，为需要帮助的老人、小孩提供帮助。"大家排好队，不要着急，一个一个来。"身穿红马甲的青年志愿者们一直在现场协助维持秩序，并嘱咐大家保持距离，切勿拥挤。他们协助医护人员

文化驱动"群体先进"培育——"大山里行走的红马甲"品牌建设实践

对前来做核酸的居民解答疑问，主动引导居民提前打开检测码并有序排队，在他们的帮助下，各采样点顺利完成扫码、登记、采样等工作，有效缓解了检测人数众多带来的人手紧张难题，营造了文明、有序的现场环境。"幸好有这些'大山里行走的红马甲'，青年志愿者的服务热情周到，帮助我们扫码登记、录入信息、维持秩序，耐心解答我们的咨询，核酸检测才又快又方便！"参加检测的居民们纷纷称赞道。

建功立业新时代，无私奉献写华章。2022年初奥密克戎蔓延全球以来，国内疫情呈现多地散发态势，天津也发生了局部疫情。电网安全稳定运行是疫情防控和经济发展的重要保障，电网调度员作为电网实时运行的指挥者与协调者，在保障电网安全运行、电力平衡等方面的作用不可替代。他们一旦感染疾病，将直接造成电网无人调度的局面，对社会影响重大。为确保电网安全稳定运行，国网天津市电力公司综合研判、超前部署，紧急启动备用调度，实行"全封闭异地交叉值班"模式，确保场地和人员的双重隔离，最大限度减少人员与外界接触的机会，做到"零接触、零交叉、零感染"。为保障蓟州地区电网安全稳定运行，国网天津蓟州公司调控人员舍小家为大家，义无反顾地冲锋在抗疫保供电一线。自2022年初疫情发生以来，截至2月底，调度值班员累计封闭、半封闭值班37天，为蓟州地区电网保供电及安全稳定运行提供了保障。国网天津蓟州公司电力调度、电力监控人员发挥积极作用，上下协同，大家拧成一股绳，共同守护电网安全，涌现出一个又一个的感人故事。

孙斌，现任国网天津蓟州公司电力调度控制中心调度运行班副班长。2022年初疫情突袭天津，他放弃与家人团聚的机会，带领班组成员日夜值守37天，确保蓟州辖区内440余个检测点可靠供电。2016年，他被国网天津市电力公司授予"优秀共青团员"称号，2021年又被国网天津蓟州公司授予"优秀共产党员"荣誉称号。

第六章 群先风貌彰显

孙令是国网天津蓟州公司运检部的一名监控人员,虽然刚入职3年多,但是从2019年至今,他在变电运维班组先后与同事协作完成了尤古庄、王辛庄两座110千伏新投站的验收送电工作,完成了桑梓等站小电阻改造验收投运工作。疫情防控期间,他与监控班的同事们一起完成了变电站的遥视、故障缺陷排查清零等工作,完成了上百个画面的轮巡任务,以及冬奥会等重要保电线路的实时负荷值监视工作。

这就是蓟州电网的"硬核"调控人,他们虽然不在抗击疫情的第一线,但万家灯火中的每一盏灯,都有他们的默默守护,他们用自己的实际行动诠释了电网人的初心使命,以主动作为展示了电力调度员的责任与担当。"雄关漫道真如铁,而今迈步从头越。""大山里行走的红马甲"志愿服务队勇于担当、甘于奉献,他们以实际行动,聚涓滴之力,护山河无恙!

我们所处的新时代,是一个比以往任何时候都更加呼唤担当精神的时代。党员干部要以"朝受命,夕饮水,昼无为,夜难寐"的责任感,把责任牢牢抓在手上、扛在肩上,率先垂范,勇于担当,做到知难而进、迎难而上,以强烈的使命感和责任感,把该管的事管好,把该抓的工作抓好,把肩负的责任落到实处,不辜负组织的信任和人民的重托。党员干部提高党性修养,最根本的是进一步弘扬奉献精神。奉献精神是对事业的不求回报和全身心付出,奉献是实现"为人民服务"承诺的体现,奉献需要有"甘当孺子牛"的精神。

国网天津蓟州公司肩负着蓟州区域供电、运行维护管理和服务重任。在国网天津市电力公司党委的正确领导下,国网天津蓟州公司认真落实党中央关于大力支援西藏、新疆等建设发展的重要决策部署,高度重视对援藏、援疆人才的帮扶工作。国网天津蓟州公司领导班子全体成员思想明确、统一,在公开选拔青年干部赴西藏、新疆挂职的通知下达

文化驱动"群体先进"培育——"大山里行走的红马甲"品牌建设实践

后,先在领导班子内部进行通报、学习,并针对援藏、援疆的重点内容,具体研究实施的办法且将责任落实到部门。同时,对援藏、援疆所需人、财、物均按高标准配备,先后派出三名干部参加支援工作,最终圆满完成帮扶任务,得到上级部门和领导的认可。

国网天津蓟州公司地处天津市最北部,辖区内有山区、库区、丘陵等,地质结构较为复杂。由于历史原因和近年来自然减员人数较多等,国网天津蓟州公司结构性缺员较为严重,高学历人才更为短缺。公司积极克服专业骨干紧缺的困难,主动按援藏、援疆人员条件选拔专业骨干,在符合报名条件的青年人才中,先后选拔出李辉、李宝江、杨洋三位优秀人才到艰苦的西藏和新疆开展支援工作。他们发挥自身专业技能,圆满完成了国网天津市电力公司党委交给他们的各项工作任务。这个世界上总是不乏这样的人,他们热爱生活,对自己的职业充满了热爱,他们一直坚守在蓟州电网建设的基层工作中,将青春毫无保留地献给自己热爱的事业,用实际行动诠释着共产党员的奉献与担当。

学史增信凝聚力量,攻坚克难担当使命。国网天津蓟州公司党委召开党史学习教育推进会议,旨在传达学习习近平总书记在全国党史学习教育动员大会上的重要讲话精神、天津市原市委书记李鸿忠在全市党史学习教育部署会上的讲话精神。"大山里行走的红马甲"志愿服务队积极响应,第一时间召开志愿者服务队会议,组织党员干部开展党史学习教育,重点以习近平总书记和李鸿忠的讲话精神为核心内容,要求务必做到融会贯通、学以致用,以党建为引领,指引各项工作,让全体党员以饱满的精神状态投入到工作中。实际上,自开展党史学习教育活动以来,"大山里行走的红马甲"志愿服务队始终坚持不懈,通过党史学习,牢牢夯实了支部阵地和党员信念。根据会议安排,他们不断提高政治站位,深刻领会党史学习教育的重大意义,把握核心要点,充分保证

第六章　群先风貌彰显

党史学习教育的质量实效；遵循把握正确导向、发扬优良学风、注重融会贯通、坚持创新求实的基本原则，深刻汲取历史经验，全面掌握实践要求，勇于担当、善于作为，实现强化理论思维、坚定信仰信念、牢记初心使命、增强能力本领的目标。"大山里行走的红马甲"志愿服务队在国网天津市电力公司党委和国网天津蓟州公司党委的正确领导下，守正创新抓住机遇，锐意进取开辟新局，焕发出新的时代风采，以优异成绩迎接党的二十大胜利召开。

提思想，巩固信念之基。坚定的理想信念始终是年轻党员干部站稳政治立场、抵御各种诱惑的决定性因素，始终是人安身立命的根本。作为青年干部，要主动增强"四个意识"、坚定"四个自信"、做到"两个维护"，不断加强思想认识，提高政治站位，筑牢信念之基，补足精神之钙。

守初心，追求担当之为。"中国共产党人的初心与使命，就是为中国人民谋幸福，为中华民族谋复兴。"一直以来，中国共产党始终坚守这个初心和使命。正如孙中山先生所说，"既以担当中国改革发展为己任，亦不能因困难而缩步。"也正如"大山里行走的红马甲"志愿服务队所体现的，既要有只为"国泰民安，山河无恙"的初心，又要有只为中国的责任担当。初心如磐，使命在肩，作为新时代下的中国青年，要无比珍惜时代赋予的机会，勇于担当历史的重任，在工作中挥洒青春。

沉下身，提升干事之能。对于刚刚走上工作岗位的青年干部来说，要避免"有学历少能力，有能力缺经验"的局限，更应该深入基层，加强自身能力提升，丰富人生阅历。作为基层干部，就要踏实干事，想民之所想，解民之所困，为人民谋福祉，在基层磨砺中提高想干事的能力。

学党史，弘扬奋斗之风。奋斗百年路，启航新征程。在百年的非凡

文化驱动"群体先进"培育——"大山里行走的红马甲"品牌建设实践

奋斗历程中，一代又一代中国共产党人顽强拼搏、不懈奋斗。奋斗精神历来是我们党的优良传统，在全党开展党史学习教育，是教育引导全党要以奋斗姿态发扬红色传统、传承红色基因，鼓起奋进新时代精气神的要求。要在党史学习中借鉴经验，凝聚力量，砥砺品格。2022年是第二个百年的开始，是"十四五"规划的关键一年，是全面建设社会主义现代化国家新征程的开始。党的二十大即将召开，征途漫漫，唯有奋斗，才能实现一次次的质变。

敢于担当，乐于奉献，发挥模范先锋作用。每个共产党员都应该牢固树立伟大的共产主义理想，并为这一理想的实现而奋斗。共产主义道德品质的基本特点是忠于共产主义事业，全心全意为人民服务。在我们的身边，就有许多具有共产主义道德品质的人。

"青年之文明，奋斗之文明也，与境遇奋斗，与时代奋斗，与经验奋斗。"这是摆在国网天津蓟州公司党群工作部专责徐璐办公桌上的一句话。2014年，徐璐被调到营销部管理岗位，担任农电管理专责兼营销团支部书记。在岗期间，她顺利完成常规同业对标、"五位一体"营销班组落地、"大营销"体系建成成效评估、95598客户回访满意度调研等重点工作。作为营销团支部书记，她积极动员团员青年参加公司团委组织的篮球赛、趣味运动会、趣味登山、青年志愿者服务等活动，在她和全体团支部成员的共同努力下，营销团支部获得了国网天津市电力公司2014年度"优秀团支部"荣誉称号。

2015年，徐璐被调到党建工作部，负责党建及团青管理。她创建"青年道德讲堂"学习载体，邀请国网天津蓟州公司优秀青年员工、优秀班组长、先进人物等讲述自己（或他人）的先进事迹、优秀品质等，与青年员工进行思想上的交流，提升青年员工职业素养，激发青年员工内在动力，不断提升员工的综合素质。她先后组织团员青年深入敬老院、肖辛庄村、旱甸子村，对孤老户等特殊群体进行走访慰问；组织支部成员倾听"蓟州区花峪惨案"幸存者讲述革命历史，追忆革命先辈丰功伟绩。此外，她还参与创建了"大山里行走的红马甲"志愿服务队品牌，带领国网天津蓟州公司广大青年志愿者在旅游旺季到来前、旅游黄金周期间，深入农家院、景区进行现场服务、安全检查，特别是在保障景区、农家院安全用电工作中，他们为客户提供了人力、物力等多方面的支持与保障。"大山里行走的红马甲"志愿服务队的先进事迹，在蓟州地区得到了群众的高度好评。

成效是团队精神的展现

"大山里行走的红马甲"志愿服务队作为基层文明实践的中坚力量，不断提升自身的政治素养、人文素养、社会素养，做基层民生问题的"政策通"。他们发挥"助推器"的作用，提高服务群众的效率和质量，助推乡村振兴，助力社会稳定。他们认真践行"奉献、友爱、互助、进步"的志愿精神，创新宣传方式，当好宣传的"小喇叭"，在全社会树立新风尚、唱响主旋律、传递正能量。

营造了企业和谐的人文环境

随着"大山里行走的红马甲"志愿服务体系建设的全面开展以及2022年"全国向上向善好青年"主题道德实践活动的逐步深化，社会主义核心价值观逐步融入企业的血脉中，企业员工的社会责任感不断增强，文明素质不断提升，涌现出"全国向上向善好青年"苏朝阳等一批彰显道德力量、展现责任形象的先进典型，在国网天津蓟州公司内部凝聚了一股向善、向上的力量，为公司发展增添了无限生机和活力。

张坤，现任国网天津蓟州公司党建工作部管理专责。自2015年加

文化驱动"群体先进"培育——"大山里行走的红马甲"品牌建设实践

入"大山里行走的红马甲"志愿服务团队以来，他一直秉承着"奉献、友爱、互助、进步"的志愿服务精神，逐渐从一名志愿者成长为志愿服务团队的组织者，积极探索丰富"志愿服务+安全+绿色+攻坚+社会责任"等服务内容，持续完善志愿服务团队工作体系，让服务团队在蓟州地区树立了良好的志愿服务形象。

他曾先后荣获蓟州区"优秀志愿者"、国网天津市电力公司"优秀党务工作者"、第五届天津青年创新创业大赛三等奖、青创赛铜奖等荣誉。他积极参与创建"天津市青年文明号"，打造国网天津蓟州公司"青年之家"，所参加的志愿服务活动多次被新华网、人民网、北方网等多家媒体宣传报道。5年来，他累计组织并参与志愿服务活动50余次，始终如一地坚守着作为青年志愿者的那份职责和荣耀。

作为天津市蓟州区的一名志愿者，他始终践行"绿水青山就是金山银山"的价值理念，组织带领"大山里行走的红马甲"青年志愿者常态化深入"煤改电"任务区，广泛宣传"煤改电"的便捷优势，确保"煤改电"任务顺利完工，助力打赢蓝天保卫战。每年旅游旺季，他常态化组织"春诊农家院，订制连心家"活动，深入农家院、景区进行现场服务、安全检查，以实际行动支持蓟州区全域旅游建设。

他多次组织志愿者于"六一"儿童节赴蓟州区育才特殊学校温暖残障儿童，深入敬老院为老人们送去节日的关爱；他传承"中国好人"王娅的爱心精神，组织发动志愿者为贫苦地区的莘莘学子献上一份爱心。此外，他还积极参与区里组织的"文明交通执勤""美丽蓟州环境建设"等志愿服务活动。

塑造了公司良好的品牌形象

14年来，"大山里行走的红马甲"志愿服务队坚持开展公益活动，得到了社会各界的广泛好评。国网天津蓟州公司全面落实公司党委部

第六章 群先风貌彰显

署,持续深入实施技能人才培养工程、青年人才托举工程,弘扬时代楷模精神,加快科技创新人才培养力度,激发人才队伍创新活力。

在人才培养多重举措下,公司先进典型不断涌现。国网天津蓟州公司苏朝阳同志就是这样一名青年"多面手"。她先后在变电运行、变电检修、营配调贯通、线损等多专业、多岗位锻炼。对待工作,她始终坚持"在岗就要爱岗、爱岗就要敬业",脚踏实地、积极履责,先后获评国家电网有限公司"劳动模范"、天津市"最美电网一线女工"、国网天津市电力公司"先进个人标兵""优秀共产党员""巾帼建功标兵""卓越服务之星"等荣誉称号。

她苦练内功、勇于创新,做推动企业提质增效的"实干者"。2017年是同期线损建设的关键期,她主动承担牵头工作,不断推行细化管理方法,将多项线损统计业务率先纳入系统统计、系统在线监测;她创新管理机制,建立异损线路、台区治理闭环管理模式,制订营、配、调部门之间协同联络机制,持续提升管理水平,总结管理经验。国网天津蓟州公司综合线损率持续下降,减少损耗电量300余万千瓦时,为企业产生经济效益数十万元,对标全天津范围内排名第一,其典型经验被国网公司发展部采纳并推广。同时,她积极组织一线员工、青年员工参与科技创新、管理创新,充分发挥青年员工专业知识牢固、创新能力强、思维灵活等优势,营造勇于创新、敢于争先的氛围。苏朝阳先后获得天津市电力公司科技进步二等奖、管理创新三等奖,授权实用新型专利7项,发表技术论文6篇(含核心期刊)。

她岗位建功、积极履责,做助推营商环境优化的"先行官"。坚守营销一线岗位8年来,她对各专业的政策、制度反复研读,做到"文件手中拿、政策心中记",并多次在电监会、市公司组织的竞赛调考中进入三甲行列。面对突如其来的新冠肺炎疫情,她组织盘山供电服务中心

文化驱动"群体先进"培育——"大山里行走的红马甲"品牌建设实践

积极落实国网公司关于疫情防控期间营销服务各项新举措，助推企业复工复产，主动对接客户，对用户现场实际用电类别进行核查，确保符合临时性降低企业用电成本的用户均能享受优惠政策。她组织推广线上购电、办理业务，落实村口售电以及居民用户欠费不停电等措施，保证疫情防控期间业务不停。对于疫情防控期间复工复产的企业，她组织用电检查人员主动为用户开展安全隐患排查工作，确保复工复产企业可靠供电。她积极践行"电十条"各项新举措，采取业务受理资料容缺后补、方案编制和验收送电权限下放、简化配套电网工程服务采购、建立业扩报装周工作例会制度和在途工单周通报工作机制等有效措施，持续缩短接电时间，降低用户接电成本，不断优化营商环境。

她因地制宜、绿色发展，做服务美丽天津建设的"引路人"。她制作的《电能替代》宣传片在各大媒体播放，她积极做好清洁能源街网服务，促进了新兴业务快速发展，优化了能源结构，引导了清洁能源有序发展。她积极落实配电网、交通网、车联网"三网融合"，按照"一衔接、两统一、三融合、四优先"的原则，在辖区范围内超前筹划建设充电桩体系，保证了绿色出行。她组织盘山供电服务中心大力推动"煤改电"工程建设，在时间紧、任务重的形势下，不断改善工程管理模式，创新工程质量管控机制，率先完成 47 个村、16 000 余户"煤改电"工程，预计增加售电量 2000 万千瓦时，减少 1 万吨标准煤的碳排放量，让"绿水青山"真正变成"金山银山"。

"大山里行走的红马甲"志愿者们用自己的行动践行了共产党员的誓言，队员们先后获得了多项荣誉——国家电网公司"变电运检五项通用制度专业调考优秀个人"、国网天津市电力公司"先进个人"、天津市蓟州区"迎全运优秀志愿者"、国网天津市电力公司"状态检测优秀专家"、国网天津市电力公司"青年新星"，等等。团队承担的"开关柜例行试验智能接线装置"项目获国网天津市电力公司科技进步三等奖、优秀 QC 成果三等奖;"变电站开关柜加热器故障监测装置的研制"项目获国网天津市电力公司科技进步三等奖;"焕发升级——电气装置数据智能采集联络元"项目获国网天津市电力公司青创赛铜奖、职工创新优秀成果一等奖;"基于 STM32 的电气装备物联网改造装置的研发与应用"项目获国网天津市电力公司科技进步三等奖。

国网天津蓟州公司开展的"大山里行走的红马甲"志愿服务活动,让队员们有了收获。通过活动开展、项目策划与宣传等多个角度的实践,提升了团队的专业能力,磨炼了队员们的意志品质,增强了团队意识,实现了个人自身发展和团体发展的统一。

营造了向上向善的浓厚氛围

中央电视台、人民网、新华网、天津电视台、"津云"微信公众号、《天津日报》《天津今晚报》、蓟州区融媒体中心、"掌上蓟州"微信公众号等先后对"大山里行走的红马甲"创建活动进行了专题报道,"大山里行走的红马甲"的名字响遍蓟州的每个角落,不论是乡村还是城区,都有"红马甲"的影子。更多的居民开始认识"红马甲"、走进"红马甲",许多接受过帮助的人也主动加入到帮助他人的行列中,"善行蓟州"星星之火燃起了燎原之势。

中国共产主义青年团成立一百周年之际,"大山里行走的红马甲"的故事走出了大山,在中央网信办的推介下,全国 800 余家网站对其进行了头条置顶推广。正如国网天津蓟州公司党群办主任徐璐所说:"积土成山、积水成渊、微光聚力、星火燎原,'大山里行走的红马甲'志愿服务队取得的每一点成绩都离不开领导的支持关心和志愿者们的辛苦付出。"

"大山里行走的红马甲"志愿服务队的影响之所以那么大,是因为

文化驱动"群体先进"培育——"大山里行走的红马甲"品牌建设实践

他们始终把人民群众的健康和生命安全看得最重要，这些用生命担当使命的逆行者，他们大爱无疆；他们付出辛劳、传递真情，把对蓟州人民的爱洒在渔阳大地的抗疫战场上。十四年持之以恒的传承，十四年坚持不懈的创新，"大山里行走的红马甲"所倡导的"让服务延伸、让爱心传递"的理念根植在每一位队员的心中，这是愚公移山精神的执着，也是聚水成海的财富。国网天津蓟州公司将继续传承"大山里行走的红马甲"所体现的"民之所忧，我必念之；民之所盼，我必行之"精神，不断创新，带动更多的人加入到"红马甲"队伍中。

泰戈尔曾经说过："花的事业是甜蜜的，果的事业是珍贵的，但是，让我干叶的事业吧，因为它总是谦逊地低垂着它的绿荫。"这是对从事电网一线工作的"大山里行走的红马甲"志愿者们甘于奉献精神的最生动的诠释。